国家自然科学基金青年科学基金项目"基于STEM教育理念人才培养改革与政策研究"（71704054）资助

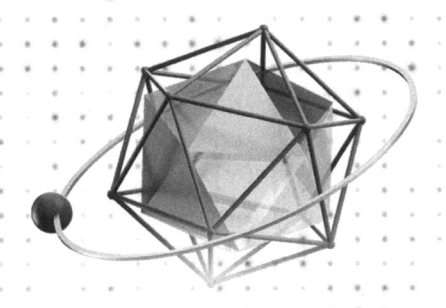

STEM Education
STEM 教育
工科行业高校改革新图景

A New Vision for the Reform of Engineering Industry-Oriented Universities

白逸仙 ◎ 著

科学出版社

北　京

内 容 简 介

本书深刻剖析 STEM 教育在工科高校的融合革新之路。首先，论证了 STEM 教育在高水平行业特色高校中的合理性，并全面梳理了当前改革状态、面临的挑战及深层动因。其次，结合工程教育改革大背景，分析传统工科所面临的困境，展望新工科建设方向。本书通过借鉴美国 STEM 教育的创新实践与成功案例，为工科高校提供了跨界融合与产教深度融合的新视角。最后，从政府、高校、师生三维度提出具体策略，旨在推动 STEM 教育与产教深度融合，并展望工科教育未来发展趋势。

本书服务高等教育改革发展，可供教育主管部门的工作人员、高校领导及中层管理者、高校教学一线的教师，以及高等教育学师生参阅。

图书在版编目（CIP）数据

STEM 教育：工科行业高校改革新图景/白逸仙著. --北京：科学出版社，2024.12. --ISBN 978-7-03-080463-1

I. G649.21

中国国家版本馆 CIP 数据核字第 2024N9V578 号

责任编辑：崔文燕 / 责任校对：何艳萍
责任印制：徐晓晨 / 封面设计：润一文化

科学出版社出版
北京东黄城根北街 16 号
邮政编码：100717
http://www.sciencep.com
北京建宏印刷有限公司印刷
科学出版社发行 各地新华书店经销
*
2024 年 12 月第 一 版 开本：720×1000 1/16
2024 年 12 月第一次印刷 印张：12 1/4
字数：220 000
定价：108.00 元
（如有印装质量问题，我社负责调换）

序

　　教育兴则国家兴，教育强则国家强。建设教育强国，龙头是高等教育。高等教育作为教育、科技、人才"三位一体"的重要结合点，人才培养与科技创新的主力军，科教融合、产教融合的关键点，肩负着重要的责任与使命。随着世界新一轮科技革命和产业变革加速演进，围绕科技制高点和人才的竞争空前激烈，我们必须重视高等教育对科技创新和人才培养的支撑作用。行业特色高校是中国高等教育体系和"双一流"建设的重要组成部分，是行业科技创新的重要策源地，也是培养造就高水平行业人才的重要阵地。面对国家重大战略对教育、科技、人才提出的新要求，行业特色高校要将服务国家重大战略和行业高质量发展作为使命担当，主动作为，助力行业实现高水平科技自立自强，全面提高人才自主培养质量，以中国式现代化全面推进强国建设。

　　2023年11月初，联合国教科文组织第42届大会通过了在中国上海设立教科文组织国际STEM教育研究所的决议。这标志着联合国教科文组织一类中心首次落户中国，这是联合国教科文组织在全球设立的第十个一类中心，也是在欧美之外设立的首个全球性的一类中心。STEM是科学（science）、技术（technology）、工程（engineering）和数学（mathematics）四个英文单词首字母的缩写。STEM教育就是在全球教育创新与变革背景下的学科融合教育，强调的是一种跨学科一体化的教育方式，旨在培养具有综合能力的人才。行业特色高校优势学科单一，开展基于学科的教育，这种教育培养的学生通常专业能力有余而跨界整合能力不足，不利于批判性思维和创新能力的养成，亟须由基于学科的教育向学科交叉融合的教育转型。因此，行业特色高校引入 STEM 教育是明智之举、有力之措。

《STEM 教育：工科行业高校改革新图景》一书，在我国深入实施科教兴国战略、人才强国战略、创新驱动发展战略的背景下，探讨我国高水平行业特色高校开展 STEM 教育这样一个崭新的课题，恰逢其时，意义重大。该书构建了符合未来行业需求与发展趋势的行业特色型高校人才培养新路径，提出推进我国行业特色高校实施 STEM 教育的政策建议，具有重要的开拓性和创新性。

该书具有三个突出特点。

一是紧贴国家战略。党的二十大报告强调，教育、科技、人才是全面建设社会主义现代化国家的基础性、战略性支撑，要加快建设教育强国、科技强国、人才强国。党的二十届三中全会进一步提出，要统筹推进教育科技人才体制机制一体改革，提升国家创新体系整体效能。这为行业特色高校服务强国建设提供了根本遵循。近年来，随着科技发展和产业变革，STEM 教育逐渐成为各国以科技带动经济增长、增强国际竞争力的国家长期战略行动。该书准确把握当前 STEM 教育与行业特色高校人才培养改革的适切性，将 STEM 教育作为国家创新驱动发展战略的突破性重大举措，提倡高水平行业特色高校开展 STEM 教育，培养学生解决问题的能力、创新能力和跨界综合能力，储备相关行业的 STEM 专业人才，为我国建成教育强国提供强大的人才支撑。

二是紧跟国际前沿。STEM 教育最早发起于美国，随着 STEM 教育在全球的发展，它越来越受到国际社会的高度关注。STEM 教育的学科领域主要面向工程教育，同时也是一种创新的教育理念和教育模式，是以问题为导向，综合运用多学科知识来解决实际问题的方法。中国一直非常重视工程教育，特别是近些年在着力推进"新工科、新医科、新农科、新文科"建设，这与 STEM 教育高度契合。STEM 教育在中国首先出现在基础教育领域，在高等教育领域，尤其是高等工程教育领域的理论和实践探索还不多。该书可以说是国内一本系统研究高等教育领域 STEM 教育改革的专著，进一步丰富了我国高等工程教育的理论内涵。同时，该书借鉴国外高校 STEM 教育改革的先进经验和教育创新成果，为我国高水平行业特色高校实施 STEM 教育提供借鉴与启示，为推动中国式教育现代化，使我国成为"世界主要的科学人才中心和创新高地"提供了理论指导。

三是紧扣高质量发展。高等教育强国建设有两大任务，一为促进高质量发展。高等教育水平是一个国家发展水平和创新能力的重要标志，提升服务高质量发展能力是高等教育强国建设的重要任务。二为成为世界重要的教育中心。世界重要的教育中心有两个标志，即成为世界主要的科学中心和世界重要的人才中心。为此，必须从两个方面发力：一方面，全面提高人才自主培养质量，着力造就拔尖创新人才；另一方面，加强有组织科研，实现高水平科技自立自强。这两个方面是相辅相成的，以高水平科研支撑高质量人才培养是全球高等教育改革的重要趋势。该书以高水平行业特色高校人才培养为研究对象，以 STEM 教育理念为指导，提出高水平工科行业特色高校教育改革新方向是学科交叉、跨界整合、多元融合，以此为提升人才自主培养能力、服务高水平科技自立自强能力和服务区域经济社会发展能力贡献力量。

总之，白逸仙教授撰写的《STEM 教育：工科行业高校改革新图景》，以 STEM 教育的视角来探讨高水平行业特色高校人才培养改革问题，选题新颖、观点鲜明、资料翔实、论述系统、征引规范、案例丰富，研究结论具有现实应用价值和创新性、指导性、启发性。

是为序。

前　言

高水平行业特色高校高质量发展是一个重要的研究课题，特别是中国高水平行业特色高校 STEM 教育的改革实践和发展趋势研究是当前崭新的课题。面对教育强国、科技强国、人才强国对中国工程人才培养改革的迫切需求，本书以高水平工科类行业特色高校人才培养为研究对象，深入研究国家和行业的产业创新对工程人才的新要求。通过问卷调查、深度访谈、数据分析、案例研究等多种方法，探索基于 STEM 教育理念的我国高水平行业特色型高校工程人才培养的改革路径以及相关政策建议。

本书根据"提出问题—分析问题—解决问题"的思路展开，分现状与问题、比较与借鉴、政策与行动三个部分。"现状与问题"部分（第一章至第三章），首先总体分析高水平工科行业特色高校实施 STEM 教育改革的现状与问题，然后从高水平工科行业特色高校师生开展 STEM 教育的意愿和影响因素等角度，全方位展示我国高水平行业特色高校人才培养的现状以及存在的问题。"比较与借鉴"部分（第四章至第六章），对美国 STEM 教育的改革趋势、美国研究型大学 STEM 教育的典型案例以及国高校产教融合的典型案例进行研究，为我国高水平行业特色高校实施 STEM 教育提供借鉴与启示。"政策与行动"部分（第七章至第十章），在现状考察和国际比较的基础上，以 STEM 教育理念为指引，构建出符合未来行业需求与发展趋势的高水平行业特色高校 STEM 教育发展路径。本书涉及院校的数据来自各院校的官网，书中不再逐一标注。

本书的结论如下：一是高水平工科行业特色高校教育改革新方向是跨界融合，主要体现在科教融合、学科融合、产教融合、跨国融合四个方面。二是高水平行业特色高校要从"基于学科的教育"向"学科交叉融合的教育"转型。三是高水平行业特色高校 STEM 教育可从三个层面实施。在政府层面，应加强政府系统引导，做好国家顶层设计；在高校层面，应系统引入 STEM 教育，推进工程人才培养改革；在师生层面，应增强师生参与 STEM 教育的主动性，突出师生在教学中的主体性。

本书的学术价值在于，进一步丰富我国高等工程教育的理论内涵，为推动中国式教育现代化，使中国成为"世界主要的科学人才中心和创新高地"提供理论指导；进一步推动我国行业特色型高校创新型工程科技人才培养，为中国行业特色高校人才培养改革提供现实参考；进一步落实国家创新驱动发展战略，为我国尽快跻身创新型国家行列提供强大的人才支撑。

本书面向前沿、面向问题、面向实践、面向应用，是国内为数不多的系统研究高等教育领域 STEM 教育改革的专著，特别是从 STEM 教育的角度分析高水平行业特色高校人才培养改革的论著，具有一定的开拓性和创新性。本书是服务高等教育改革发展，服务教育主管部门的工作人员、高校领导及中层管理者、高校教学一线的教师，以及高等教育学师生的一部著作，值得关注。

书中难免存在疏漏，恳请专家学者批评指正。

是为序。

白逸仙

目　　录

序（张大良）

前言

第一章　高水平行业特色高校引入 STEM 教育的适切性 ················· 1

　　一、STEM 教育概述 ·· 1

　　二、行业特色高校概述 ··· 7

　　三、行业特色高校人才培养的外部挑战与需求分析 ················· 11

第二章　高水平工科行业特色高校实施 STEM 教育改革的现状与问题 ······ 18

　　一、发展概况 ·· 18

　　二、STEM 教育与高水平工科行业特色高校教育改革的适切性 ········· 19

　　三、STEM 教育视角下工科行业特色高校人才培养现状 ··············· 24

　　四、高水平工科行业特色高校 STEM 教育改革的现状与问题 ·········· 35

　　五、结论 ·· 40

第三章　高水平工科行业特色高校开展 STEM 教育影响因素 ·············· 41

　　一、高水平工科行业特色高校本科生 STEM 学习意愿影响因素 ········ 41

二、高水平工科行业特色高校教师开展 STEM 教育意愿影响因素……… 51

第四章　获得公平且高质量的学习体验：美国 STEM 教育创新趋势………… 67

一、美国 STEM 教育创新的使命与愿景……………………………… 68

二、美国 STEM 教育的挑战与应对…………………………………… 71

三、结论…………………………………………………………………… 76

第五章　建构 STEM 教育模式：美国研究型大学的典型案例……………… 79

一、4 所美国研究型大学的案例描述………………………………… 79

二、美国研究型大学 STEM 教育模式及启示………………………… 92

第六章　开展合作教育：美国高校产教融合的最佳实践………………… 96

一、欧林工学院合作教育的实践及启示……………………………… 96

二、德雷塞尔大学合作教育的实践与启示…………………………… 103

第七章　跨界融合：高水平工科行业特色高校教育改革新方向………… 111

一、研究设计……………………………………………………………… 112

二、高水平工科行业特色高校跨界融合的数据分析………………… 117

三、结论…………………………………………………………………… 123

第八章　科教融合：一流人才培养的制度设计…………………………… 125

一、科教融合：理念的制度化………………………………………… 125

二、追求卓越：人才培养模式变革的实践…………………………… 130

三、回归理性：人才培养模式变革的设计…………………………… 133

四、结论…………………………………………………………………… 136

第九章　产教融合的组织发展困境：多重制度逻辑的分析与实践 …… 137

一、"产教融合"困境 …… 137

二、分析框架：三角协调中的多重逻辑 …… 138

三、三重制度逻辑解释：高水平行业特色高校"产教融合"的困境 …… 140

四、案例分析：华北电力大学"产教融合"的变迁 …… 143

五、结论 …… 147

第十章　行业特色高校产教融合人才培养模式构建：以电力行业为例 …… 149

一、行业特色高校人才培养的理论基础 …… 149

二、电力行业人才培养需求分析 …… 151

三、突出行业特色的产教融合人才培养模式构建 …… 156

第十一章　总结与展望 …… 160

一、政府层面：加强政府系统引导，完善国家顶层设计 …… 160

二、高校层面：系统引入 STEM 教育，推进工程人才培养改革 …… 161

三、师生层面：突出师生在教学中的主体性，增强师生参与 STEM 教育的主动性 …… 166

参考文献 …… 169

附录 …… 176

附录一　基于 STEM 教育理念的工科行业高校工程人才培养现状调查问卷（学生卷） …… 176

附录二 基于 STEM 教育理念的工科行业高校工程人才培养现状调查问卷（教师卷）…………………………………………179

附录三 基于 STEM 教育理念的行业特色型高校工程人才培养改革与政策研究（教师访谈提纲）……………………………182

后记……………………………………………………………183

第一章　高水平行业特色高校引入 STEM 教育的适切性

一、STEM 教育概述

（一）STEM 教育的内涵

STEM 教育最早出现于 20 世纪 90 年代末美国国家科学委员会（National Science Board，NSB）的报告中，起初被命名为 SMET，即科学（science）、数学（mathematics）、工程（engineering）和技术（technology）教育，后来演变为 STEM 教育，即 science、technology、engineering 和 mathematics 这四个英文单词首字母的缩写。随着美国联邦政府意识到 STEM 人才对未来经济、教育和政治的重要性，在大量政策和资金的推动下，STEM 教育以及相关研究逐渐兴起。对于 STEM 教育，学界主要有三种定义。

一是强调对 STEM 教育的概念界定。美国联邦政府将 STEM 教育描述为"STEM 教育主要侧重于物理和自然科学、技术、工程和数学学科的相关主体或问题，包括环境科学教育或环境管理等正式或非正式（在学校或者不在学校）的教育，强调教育的实践性"[1]。《STEM 教育法》以立法形式规定 STEM 学科专指科学、技术、工程、数学、计算机科学与教育。桑德斯认为，从广义上讲，STEM 是为美国赢得全球竞争提供优秀的学生、教师以及劳动力的教育政策，其具体指向有目的性的、整合不同学科的、解决现实生活的问题的教育。[2]

---

[1] Actioncommittee F T .The Federal Science, Technology, Engineering, and Mathematics (STEM) Education Portfolio[R]. A Report from the Federal Inventory of STEM Education Fast-Track Action Committee，Committee on STEM Education National Science and Technology Council，2011：3.

[2] Sanders M. STEM，STEM education，STEM mania[J]. Technology Teacher，2009，68（4）：20-26.

随着 STEM 教育的深入发展，其融入艺术（art）的成分而发展成为 STEAM 教育。STEAM 教育是面向解决真实世界问题的多学科融合的综合性教育，旨在培养学生解决问题能力、创新能力、跨界综合能力。在中国，教育部于 2023 年 12 月 20 日召开发布会，介绍联合国教科文组织在中国上海设立国际 STEM 教育研究所有关情况时指出，STEM 教育就是在全球教育创新与变革背景下的学科融合教育，强调的是一种跨学科一体化的教育方式，目的是培养具有综合能力的人才。当前具有跨学科性质的 STEM 教育正逐渐成为教育的重要组成部分。[1]王建华和胡茜认为，STEM 教育指的是将科学、技术、工程和数学相结合的教育理念，以问题为导向，强调多学科有机整合和跨学科实践学习，旨在培养具有科学探究能力、创新意识、批判性思维的复合型理工人才。[2]

二是强调 STEM 教育的教学理念与模式。世界工程组织联合会前主席龚克指出，STEM 教育不只是科学、技术、工程和数学学科的教育，更是一套贯通科学-技术-工程-数学的融合性、整合式的新的教育理念、方法与模式。[3]余胜泉和胡翔认为，STEM 教育的理念绝非学科概念的叠加，而是综合运用相关学科知识，解决实际情景的问题，并实现培养创新能力和实践能力的目的。[4]胡天助认为，STEAM 教育注重基于项目的学习和基于问题的学习，通过师生合作或学生合作，达成对具体项目的完成。[5]美国学术竞争力委员会的报告中指出，科学、技术、工程和数学教育课程被定义为主要旨在通过高等教育阶段为小学和中学提供支持或加强 STEM 教育的课程，包括成人教育。[6]

三是强调 STEM 教育的核心素养。美国发起 STEM 教育改革，就是要提高美国学生科学教育的学科素养，使其具备 21 世纪职业发展的技能。Bybee 指出 STEM 教育的核心是每一个个体的科学素养，包括识别生活中的问题和对应的知识、态度和技能，解释自然和设计的世界，并就 STEM 相关问题得出基

---

[1] 联合国教科文组织国际 STEM 教育研究所设立背景和进展有关情况介绍[EB/OL]. http://www.moe.gov.cn/fbh/live/2023/55669/sfcl/202312/t20231220_1095384.html.（2023-12-20）[2024-02-16].

[2] 王建华，胡茜. STEM 教育的全球发展[N]. 光明日报，2024-01-18（14）.

[3] 联合国教科文组织国际 STEM 教育研究所设立背景和进展有关情况介绍[EB/OL]. http://www.moe.gov.cn/fbh/live/2023/55669/sfcl/202312/t20231220_1095379.html.（2023-12-20）[2024-02-16].

[4] 余胜泉，胡翔. STEM 教育理念与跨学科整合模式[J]. 开放教育研究，2015，21（4）：13-22.

[5] 胡天助. STEAM 及其对新工科建设的启示[J]. 高等工程教育研究，2018（1）：118-124.

[6] U. S. Department of Education. Report of the Academic Competitiveness Council[R]. Washington，D. C，2007：34

于证据的结论；理解 STEM 学科的特征，作为人类知识，探究和设计的形式；了解 STEM 学科如何塑造我们的物质、知识和文化环境；作为建设性、关注性和反思性的公民，具备参与 STEM 相关问题以及科学、技术、工程和数学的思想。[1]我国学者认为，STEM 教育是一个综合学科，其主要学习方式是项目式学习，对培养学生跨学科解决问题的能力、面向 21 世纪的技能（包括创造力、沟通能力、批判思考能力、合作能力等）能发挥重要作用。[2]

上述从不同角度对 STEM 教育内涵的界定都有一定的合理性，本书综合各种定义，将 STEM 教育界定为"发源于美国的一种教育理念，其内核是将科学、技术、工程和数学等学科的内容进行跨学科的有机整合，突出综合性，重视跨学科学习、数理基础、科教融合，以培养学生解决问题的能力、创新能力和跨界迁移能力"。

（二）STEM 教育的发展历程

1. 发端孕育阶段（20 世纪 50 年代至 2000 年）

STEM 教育起源于美国，是为了提高国家竞争力以应对未来社会挑战而提出的国家发展战略。1955 年，苏联培养的科学家是美国的两倍；1957 年，苏联成功发射了第一颗人造卫星。由此，美国意识到自己的科技领先地位面临的危机。1958 年，美国国会通过了《国防教育法》，要求迅速改善当时没有足够数量的青年接受自然科学、数学、外语及科技训练的现象，要加强这些学科的学习，为美国培养科技领军人才。1959 年，布鲁纳（J. S. Bruner）在全国发起课程改革运动，希望学生高效学习数学和自然科学的高深知识，以培养高端人才。1985 年，美国科学促进会（American Association for the Advancement of Science，AAAS）启动"2061 计划"项目，旨在帮助所有美国人提高科学、数学及技术素养。该项目组于 1989 年发布了《2061 计划：面向全体美国人的科学》报告，指出"科学"的内涵应包括基础和应用数学、工程和技术等交叉学科，同时还要求政府加大对科学教育的拨款。[3]经过 30 多年，科学教育快速发展。1986 年，美国国家科学委员会发布《本科的科学、数学和工程教育》报

---

[1] Bybee R W. The Case for STEM Education: Challenges and Opportunities[M]. Arlington: NSTA Press, 2013: 65-70.
[2] 中国 STEM 教育白皮书[R]. 中国教育科学研究院，2017：49.
[3] 李扬. STEM 教育视野下的科学课程构建[D]. 浙江师范大学，2014.

告，提出"科学、数学、工程和技术教育集成"的建议，强调"加强大学教育并追求卓越，以使美国下一代成为世界科学和技术领导者"[①]，从此 STEM 教育发展的序幕真正拉开。1996 年，美国国家科学基金会（National Science Foundation，NSF）发布了题为《塑造未来：透视科学、数学、工程和技术的本科教育》的报告，该报告回顾并总结了美国大学 STEM 教育的十年进展，同时关注了 STEM 的师资问题。[②]

2. 快速发展阶段（2000—2010 年）

进入 21 世纪，STEM 教育步入快速发展阶段。2005 年，美国国家科学院（National Academy of Sciences，NAS）、国家工程院（National Academy of Engineering，NAE）、医学科学院（Institute of Medicine，IOM）和国家研究委员会（National Research Council，NRC）向美国国会提出了 21 世纪美国科技教育发展的战略性报告《超越风暴的崛起：激发与聘用美国人才共创更辉煌的经济未来》[③]，以确保 21 世纪的美国继续在科学与工程方面占据世界领先地位。为了给美国提供持续稳定的人才基础，STEM 教育开始从本科阶段向中小学阶段延伸，推动中小学教育的持续变革。《不让一个孩子掉队法案》通过减少校外考察，增设高级课程，以及提供更具有挑战性的教科书，强化以标准化测试和绩效评估为导向的 K-12 教育改革。2006 年，美国国会在上述报告基础上提出了《美国竞争力计划：在创新中领导世界》报告，将高达 1360 亿美元的经费投入 K-12 师资培训和大学层面的研究计划、奖学金和支持计划，这被认为是小布什政府科技与教育发展的宏伟蓝图。2007 年，美国国家科学基金会发表了《国家行动计划：应对美国科学、技术、工程和数学教育系统的紧急需要》[④]报告，提出要加强国家层面对 K-12 阶段和本科阶段 STEM 教育的主导作用，同时还要提高 STEM 教师水平和增加研究投入。随着一系列政策法规的出台，社会上依托各种力量创办的 STEM 教育活动大量出现。

---

① 赵中建. 美国 STEM 教育政策进展[M]. 上海：上海科技教育出版社，2015.

② National Science Foundation.Shaping the future：Strategies for revitalizing undergraduate education[R]. Proceedings from the National Working Conference，1996：89

③ National Academy of Sciences，National Academy of Engineering，and Institute of Medicine. Rising above the Gathering Storm：Energizing and Employing America for a Brighter Economic Future[M]. Washington，DC：The National Academies Press，2007．

④ National Science Board. National action plan for addressing the critical needs of the U.S. science, technology, engineering, and mathematics education system[R]. The National Science Foundation, 2007-10-03.

3. 稳步发展阶段（2010年至今）

2010年，美国STEM教育由快速发展阶段逐渐进入稳步发展阶段。美国政府开始关注公平而高质量的STEM教育，在教育政策上着力于加强大学本科阶段的STEM教学，特别是提高代表性不足的弱势群体对STEM教育的参与度，为未来十年增加100万个STEM学位做好准备。美国政府大力培养优秀的STEM教师，使其在掌握学科背景知识的同时，兼具学科教学能力，能够激励学生学习STEM科目并提升相关职业技能水平。2017年，由奥巴马政府推动的"为革新而教育"（Educate to Innovate）的运动号召和引导全社会共同参与并将STEM教育改革推向深入，倡导政府、企业、金融机构、非营利组织和科学工程学会共同致力于STEM教育的改革。2018年，美国国会一致通过《加强21世纪职业与技术教育法案》，进一步强化培养具有STEM学科背景的实用技能型人才，这是特朗普执政以来通过的第一部重大的教育法案，可见STEM教育的重要地位。美国政府不断加大对STEM教育的投入和支持力度，不仅其STEM教育走在时代的前沿，其教育体系也较为成熟并可供借鉴。

之后，各国争相效仿，在结合自身国情的前提下，出台了一系列STEM教育改革的政策和举措。其中，英国的科学技术水平名列前茅，在经济合作与发展组织的评估中，英国学生在科学能力方面远超国际平均水平，但是这种能力发展不平衡，低水平的学生仍占有较高比例[1]。德国也希望通过STEM教育来培养科技工程类人才，以增加国内高质量工程师的人数[2]。STEM教育不断发展，不仅迅速扩展至全球范围，而且所涉及的学科领域也不断拓展。不少学者开始将艺术成分融入其中，从而形成了STEAM教育。他们认为科学、技术、工程、数学是需要学习和关注的重点，但这些领域无法单独完成任务。为了让学生做好引领世界创新的准备，必须关注能够激发学生创新力的创造性思维的培养……艺术正是点燃这一创造力火花的要素。[3]

我国也在STEM教育的基础上衍生出STEM+教育，它是本土化的STEM，即在接受STEM核心思想的基础上结合我国国情发展的STEM+教

---

[1] Cliff P，Joy P. Learning to Love Science：Harnessing children's scientific imagination[D]. The Chemical Industry Education Centre，University of York，2008：3-17.

[2] 杨亚平. 美国、德国与日本中小学STEM教育比较研究[J]. 外国中小学教育，2015（8）：23-30.

[3] Brady J. STEM is incredibly valuable，but if we want the bestinnovators we must teach the arts[J]. Innovation，2014（5）：1-5.

育。联合国教科文组织第42届大会于2023年11月以协商一致的方式通过了在中国上海设立国际STEM教育研究所的决议，标志着联合国教科文组织一类中心首次落户中国。这一中心的主要职能是促进STEM领域从幼儿到成人各阶段包容、公平、适切和优质的面向所有人的教育。联合国教科文组织在华设立国际STEM教育研究所是中国推动构建人类命运共同体的重要行动，它不仅能够推动全球STEM教育的交流合作，还能为广大发展中国家发展STEM教育提供更有力的支持。①

（三）STEM教育的重要意义

当前，世界百年变局加速演进，世界经济面临多种风险挑战，特别是新一轮科技革命和产业变革正深刻地改变着人类的生产生活乃至学习方式，合作与创新已成为人类应对风险挑战的关键。这就需要我们更加重视科技创新和人才的作用，更加重视发展STEM教育和培养科技创新人才，以帮助所有人获得适应未来社会的能力素养。可以说，STEM教育对国际社会未来发展意义重大。

第一，STEM教育为实现全球可持续发展目标奠定了重要基础。这一重要性源于科学技术在实现全球可持续发展目标中的关键作用。在2015年第70届联合国大会上，190多个联合国会员国领导人共同通过了《变革我们的世界：2030年可持续发展议程》，其中提出了17个可持续发展目标。根据联合国全球可持续发展报告，科学技术与"治理""投入""参与""能力建设"共同构成了实现全部17个可持续发展目标的五大重要杠杆。STEM教育在实现可持续发展目标，特别是目标4——"确保包容、公平的优质教育，促进全民享有终身学习机会"方面，发挥着重要作用，因为获得高质量教育是改善人民生活和推动可持续发展的基石。

第二，STEM教育对各国教育体系能力建设起到了推动作用。STEM教育的普及程度、发展水平、教育成效，对各国发展科学技术能力、加速实现可持续发展具有基础性和全局性的推动作用。STEM教育所倡导的先进教育理念，能够有力地促进各国教育体系进行能力建设，强化其教育政策与实践框架，特别是在跨学科方法和包容性教学法方面的应用。

---

① 教育部：联合国教科文组织在中国上海设立国际STEM教育研究所[EB/OL]. http://www.moe.gov.cn/fbh/live/2023/55669/mtbd/202312/t20231220_1095539.html.（2023-12-20）[2024-02-16].

第三，STEM 教育对推动教育体系创新发挥着先导作用。STEM 教育为学生搭建了全面认知世界的桥梁，通过面向实际问题的"项目式"学习，使他们能够将所学的知识和方法相互联系、相互融合，构成一个统一的体系。这种教育方式旨在消除传统教学中各学科知识割裂的障碍，有助于提升学生综合解决实际问题特别是可持续发展问题的能力。[1]可以说，STEM 教育已超越了传统教育模式的范畴，是顺应新科技革命和可持续发展转型需求的教育创新，对引领整个教育体系的创新和转型具有先导性的重要意义。

二、行业特色高校概述

（一）行业特色高校的内涵

行业特色高校是指 20 世纪 90 年代我国高等教育体制改革之后，一批原本隶属中央各行业部委的高等学校划归到国家教育主管部门或者地方政府管理[2]。在建设教育强国的进程中，高等教育处于龙头地位。行业特色高校作为高等教育的重要组成部分，是构建教育强国的重要一环。这类高校的突出特点是与相关行业紧密联系，拥有鲜明的行业特色和优势学科群，对各自所依托的行业及国民经济社会发展作出了重要贡献。学者通常从高校管理主体、高校与行业的关系、高校现实特点这三个维度来界定行业特色高校的内涵。具体而言，钟秉林等从高校管理主体的角度出发，强调行业特色大学在我国高等教育管理体制改革前隶属中央政府部门，具有显著的行业办学特色与突出学科优势[3]。潘懋元和车如山则聚焦高校与行业的关系，认为特色型大学是以行业为依托，围绕行业需求、针对行业特点，为所在行业培养高水平人才的大学[4]。刘献君则指出，行业高校具有行业背景、服务面向和学科特色[5]。

概况来讲，行业特色高校具有四个方面的特点：①在人才培养目标方面，行业特色高校既不同于综合型大学重在培养研究型人才，又区别于职业学校侧

---

[1] 教育部：联合国教科文组织在中国上海设立国际 STEM 教育研究所[EB/OL]. http://www.moe.gov.cn/fbh/live/2023/55669/mtbd/202312/t20231220_1095539.html.（2023-12-20）[2024-02-16].
[2] 高文兵. 新时期行业特色高校发展战略思考[J]. 中国高等教育，2007（S3）：24-28.
[3] 钟秉林，王晓辉，孙进，等. 行业特色大学发展的国际比较及启示[J]. 高等工程教育研究，2011（4）：4-9+81.
[4] 潘懋元，车如山. 特色型大学在高等教育中的地位与作用[J]. 大学教育科学，2008（2）：11-14.
[5] 刘献君. 行业特色高校发展中需要处理的若干关系[J]. 中国高教研究，2019（8）：14-18.

重培养技术技能型人才。行业高校旨在培养适应社会发展需求、符合行业建设特点，具有竞争能力、理论创新精神和实践能力的行业人才。②在学科专业设置方面，行业特色高校依据国民经济的产业结构进行划分，聚焦行业进行建设与发展，资源相对集中，形成了独特的优势学科和专业。在此基础上，学校围绕主干学科设置相关专业。③在人才培养模式方面，行业高校注重与行业联合育人，通过共建"双师型"队伍、建设实习基地等方式，构建多样化的人才培养模式[1]。④在科学研究方面，行业高校与其所在行业密切联系，积极承担对口行业的研究项目，尤其是重大课题，建立了专业的科研队伍。同时，通过科研成果的转化、科学技术合作研究以及建立大学科技园等方式，有力地推动了行业的可持续发展[2]。

（二）行业特色高校的发展历程

我国最早的行业特色高校可以追溯到1896年北洋总局创办的北洋铁路官学堂。新中国成立初期，为了适应国民经济发展与工业体系的构建需求，国家设立了包括钢铁、地质、矿冶、水利等在内的12个工业专门学院，这为行业高校的发展奠定了基础[3]。20世纪50年代，国家进行了"院系调整"，对高等教育系统进行了重构，全国近百所高校被划归到中央某一行业部门管理，从而建立起行业办学体制。到1956年，单科性院校占到九成以上[4]。

1978年党的十一届三中全会召开后，我国在经济和社会诸多方面进行了一系列改革，其中条块分割的高等教育体制成为改革的重点。从20世纪80年代开始，我国高等教育进入改革与发展新时期。到了20世纪90年代末，国家实施高等教育管理体制改革的重点转变为改变高校"条块分割"的办学局面。在这次改革中，绝大部分行业特色高校实行了"中央与地方共建、以地方为主"的管理体制，这类高校被称为"行业划转院校"；而少部分与行业联系紧密、发展水平相对较高的高校则被划归教育部或其他部委管理，这类高校被称为

---

[1] 宁滨. 行业特色型高校产学联合人才培养模式和机制的思考[J]. 高等工程教育研究，2011（1）：6-10+36.
[2] 丁菲菲. 行业特色高校学科、专业的竞争优势研究[J]. 东南大学学报（哲学社会科学版），2013，15（S2）：144-148.
[3] 周南平，蔡嫒梦. "双一流"建设中地方行业特色型高校的发展思考[J]. 江苏高教，2020（2）：49-54.
[4] 张炜，汪劲松. 行业特色高校的发展历程与辩证分析[J]. 中国高教研究，2020（8）：1-5.

"高水平行业特色高校"。高水平行业特色高校划归教育部后，进行了两个方面的改革：一是淡化行业特色，扩展学科范围，向综合性大学转型；二是强调科研，加强学科建设，向研究型大学转型。在这种背景下，这些高校与原来行业的联系逐渐减弱，转而实施面向学科的专业教育。然而，过于强调面向学科的专业教育导致培养的学生实践能力被弱化，创新能力相对不足，往往难以适应产业转型升级的需要。因此，高水平行业特色高校的发展面临着从"去行业化"向"再行业化"转变，从"基于学科的教育"向"学科交叉融合的教育"的战略转型。21世纪初，我国已形成中央和地方政府两级管理、以地方政府统筹管理为主的新的高等教育管理体制[①]。

我国行业特色高校可划分为两类：一类是划归教育部管理的高水平行业特色高校，它们主要立足行业、引领行业，服务于国家战略需求，致力于发展高端功能；另一类则是划转地方管理的行业特色高校，它们主要立足地方、服务区域发展。本书聚焦那些原属行业部门、现划归教育部管理，且涉及水、电、地、矿、油、交通等国民经济关键领域，关系国家发展全局的高水平工科行业特色高校。这一选择基于两个主要原因：其一，这些高校拥有显著的行业办学特色和突出的学科群优势，在其所在行业领域内处于"领头雁"地位。为了更好地服务国家发展战略，满足社会对创新型人才的迫切需求，对这些高水平行业特色高校的工程教育改革与发展进行深入的研究显得尤为重要。其二，高水平行业特色高校因其紧密服务国家战略、有力支撑行业发展而独具特色，成为中国高等教育体系中一道亮丽的风景线。

（三）行业特色高校引入 STEM 教育的适切性分析

随着世界百年未有之大变局加速演进，新一轮产业变革和科技革命深入发展，作为与经济社会发展联系紧密的行业特色高校，应当主动超前布局，全面审视发展形势，准确把握新使命，找准办学定位，更好地肩负起培养高水平人才的重任，为高质量发展提供有力人才支撑。综合来看，行业特色高校承担着落实立德树人根本任务、培养德智体美劳全面发展的时代新人的使命，为行业企业培养了大量的专门人才，同时对接产业需求，服务行业发

---

① 钟秉林，王晓辉，孙进，等. 行业特色大学发展的国际比较及启示[J]. 高等工程教育研究，2011（4）：4-9+81.

展，对促进行业科技进步和国家创新体系建设具有不可替代的作用。多年来，我国行业特色高校人才培养虽然取得了长足的进步，但仍存在一些突出问题，主要表现在：办学定位趋同，过于强调向综合性、研究型大学转型；优势学科较为单一，基础学科相对薄弱、新兴交叉学科培育拓展能力尚显不足；与行业企业联系减弱，行业部门和企业支持高校开展人才培养的意愿下降且责任感减弱；过度专注于培养学生学科专业技能，而忽视了学生综合能力的培养。这些都导致行业高校的学生实践创新能力不足，跨界能力和适应能力相对较弱，往往无力承担引领产业转型升级的重任。

为了培养适应新经济发展需要的工程技术人才，行业特色高校工程教育有必要引入 STEM 教育范式。STEM 教育是由美国发起、主导并在全球兴盛的一项教育改革运动。STEM 教育的核心理念是将科学、技术、工程学及数学的内容进行跨学科的有机整合，强调综合性，重视学科交叉和知识融合，以培养学生解决问题的能力、创新的能力、跨界的综合能力。

多年来，人们对 STEM 教育已形成四点共识。第一，注重培养跨界整合能力。STEM 教育强调培养学生跨界整合能力，可以解决我国高水平工科类行业特色高校在人才培养上存在的"过于重视专业能力、轻视通用能力"等问题。根据 STEM 教育理念，我国高水平工科类行业特色高校应以培养学生跨界整合能力为主要目标，确保其培养的人才具有较高的创新创业能力，能够为行业的转型升级提供强有力的智力支持。第二，开设学科交叉课程与开展项目式教学。学科交叉课程和项目式教学是西方发达国家 STEM 教育改革的主要标志，也是我国工科高水平行业特色高校教学改革的核心内容。针对行业特色高校优势学科单一、学生知识面过窄、教学方法陈旧等问题，应打破学科间的界限，将所有学科内容整合到新的学习领域，形成结构化课程，开展基于项目的教学。第三，重视多元化评价。STEM 学习评价是从评价主体、评价内容、评价方法、评价结果使用 4 个方面考查学生 STEM 学习成果。我国学者主张参照 STEM 教育的多元评价思想建构高水平行业特色高校教育改革评价体系，强调以第三方机构为评价主体，评价数据来源多元，评价着眼于个体发展，重视对评价的监督反馈。第四，倡导体系变革。STEM 教育是校内外联动、全员参与的教育生态系统。STEM 教育体系变革思想直接契合高水平行业特色高校产教融合改革。在体系变革的旗帜下，能够打通高等教育与工作世界的壁垒，充分发挥行业优势，建立多部门联动、校内外结合、全方位参与的校企协同育人新机制。

可以说，对 STEM 教育的这四点共识既顺应全球知识经济时代的需求，又体现了国际工程教育改革的新趋向；STEM 教育既可以发挥行业高校的传统优势，又能够弥补传统行业高校人才培养的不足。因此，在行业特色高校的工程人才培养改革中引入 STEM 教育范式极具适切性。

综上，有必要对我国行业特色高校 STEM 教育改革实践和变革方向进行深入研究，即如何以 STEM 教育理念为指引实现教育变革，以培养能够引领行业发展、具有实践能力、创新能力和跨界整合能力的工程人才，成为行业特色高校工程教育领域亟待研究的重要课题。

三、行业特色高校人才培养的外部挑战与需求分析

（一）需求决定论

需求是经济学的范畴，需求（demand）是指"家庭或厂商在一定价格上所选择购买的物品或劳务的数量"[1]，即指在一定时间内和一定价格条件下，消费者对市场上的商品和劳务有支付能力的需要。现实社会中的需求多种多样，表现形式也极为复杂。所谓需求决定论，是指社会发展的需求、市场经济的需求、第二产业（尤其是制造业）发展的需求以及学生未来发展的需求，决定着高等教育的理念、目标、体制、运作过程和质量评估标准。[2]

许多学者认为，人才培养的质量取决于人才对需求的满足度和满意度。基于此，作为依托行业进行校企合作育人的主体，首先应了解学校、企业等利益相关者各方的需求，然后有针对性地采取切实可行的措施来满足这些需求，同时将"满意"标准纳入需求导向人才培养模式中的评价反馈环节，以达到"需求—满足—满意"的动态平衡，真正提高人才培养质量。为准确把握各方利益相关者对人才培养的需求，需要深入分析"市场岗位缺口与人才规模供给、职业素养需求与人才培养能力结构之间关系"的动态趋势，及时调整人才培养目

---

[1] J.E.斯蒂格利茨. 经济学（上册）[M]. 姚开建，等译. 北京：中国人民大学出版社，1997：73

[2] 白逸仙. 创业教育与专业教育融合研究：创业型工程人才培养模式的建构[M]. 北京：社会科学文献出版社，2015：9.

标、规格、方案，以实现合作育人各方主体对人才培养的认同和满意。

社会需求是人才培养改革的价值导向，是学校发展的驱动力。因此，行业特色高校人才培养应以需求为导向，并贯穿于人才培养的全过程，以满足经济社会发展、行业企业发展、学生就业和终身发展的需要。大学教育是以社会需求为导向的专业教育。在人才培养中，行业特色高校要把握好以下几点：一是前瞻性。要提前预知未来社会的需求，超前为社会储备人才。二是职业性和专业性的匹配。专业教育在追求专业教学学术性的同时要兼顾职场运用的适切性。三是理论与实践的结合。以产业需求为目标，将职场资源有效融入教学过程中，做到产教融合、知行合一。

（二）我国产业创新发展的基本情况

党的十九届五中全会对"加快发展现代产业体系，推动经济体系优化升级"做出重要部署，并对战略性新兴产业发展提出明确要求。党的二十大报告提出，"建设现代化产业体系，坚持把发展经济的着力点放在实体经济上，推进新型工业化，加快建设制造强国、质量强国、航天强国、交通强国、网络强国、数字中国"。这对振兴实体经济和建设制造强国具有重大且深远的意义。

2010年颁布的《国务院关于加快培育和发展战略性新兴产业的决定》，将推动战略性新兴产业发展上升为国家战略。2020年颁布的《中共中央关于制定国民经济和社会发展第十四个五年规划和二〇三五年远景目标的建议》明确提出，要"发展战略性新兴产业"，着力"构建一批各具特色、优势互补、结构合理的战略性新兴产业增长引擎"。战略性新兴产业是以重大技术突破和重大发展需求为基础，对经济社会全局和长远发展具有重大引领带动作用，知识技术密集、物质资源消耗少、成长潜力大、综合效益好的产业。《战略性新兴产业分类与国际专利分类参照关系表（2021）（试行）》中提出的"9大战略性新兴产业领域"分别是新一代信息技术产业、高端装备制造产业、新材料产业、生物产业、新能源汽车产业、新能源产业、节能环保产业、数字创意产业以及相关服务业等[①]。战略性新兴产业已逐步成为我国推进产业结构升级和经济高

---

① 国家知识产权局办公室关于印发《战略性新兴产业分类与国际专利分类参照关系表（2021）（试行）》的通知[EB/OL]. https://www.beijing.gov.cn/zhengce/zhengcefagui/qtwj/202204/t20220413_2675153.html.（2021-02-10）[2024-02-12].

质量发展的先导产业及支柱产业，成为引领国家未来发展的重要决定性力量，对我国形成新的竞争优势和实现跨越发展至关重要。"十三五"时期，战略性新兴产业增加值增速明显高于规模以上工业增加值增速，成为培育壮大新增长点、加快新旧动能转换、构建新发展格局的重要动力源。"十四五"时期，随着我国科技创新水平的持续提高，战略性新兴产业保持良好发展势头，推动产业转型升级和经济高质量发展。①研究分析我国产业特别是战略性新兴产业的发展现状，可以充分了解高校外部环境变化对行业特色高校人才培养提出的新挑战和新要求。

当前，我国新兴产业蓬勃发展，产业创新能力显著提升，对经济的支撑引领作用日益凸显，主要呈现出三个特点。第一，支撑引领经济发展。近年来，我国工业新兴产业增加值增速比工业增加值增速普遍高出 2—5 个百分点，发挥着"头雁作用"。"十三五"以来，战略性新兴产业延续以往蓬勃发展的态势，2016 年和 2017 年，全国战略性新兴产业工业部分增速高于同期全国水平 40%以上，服务业部分比同期全国整体增速高出一倍左右。2018 年上半年，战略性新兴产业工业和服务业增速仍旧分别比全国水平高出 30%。②第二，企业研发投入逐年增加。2019 年，我国战略性新兴产业中 1478 家上市公司的总研发费用投入达到 3263.22 亿元，比 2018 年增长了 17.66%；研发费用占主营业务收入比重达到了 3.91%。③第三，创新中心不断涌现。我国相继在智能网联汽车、轨道交通装备、先进功能纤维、高性能医疗器械、集成电路特色工艺及封装测试、稀土功能材料等领域成立了一批国家制造业创新中心，并指导培育了一大批省级制造业创新中心。这些创新中心通过集聚产业链上下游资源，为行业共性技术突破及强化人才培养发挥了重要支撑作用。党的二十大报告也做了总结，党的十八大以来"一些关键核心技术实现突破，战略性新兴产业发展壮大，载人航天、探月探火、深海深地探测、超级计算机、卫星导航、量子信息、核电技术、大飞机制造、生物医药等取得重大成果，进入创新型国家行列"。

---

① "十四五"规划《纲要》名词解释之 51| 战略性新兴产业[EB/OL]. https://www.ndrc.gov.cn/fggz/fzzlgh/gjfzgh/202112/t20211224_1309302.html.（2021-12-24）[2024-02-12].
② 央广网. 战略性新兴产业 支撑高质量发展[EB/OL]. https://baijiahao.baidu.com/s?id=1618344889491822490&wfr=spider&for=pc.（2018-11-28）[2024-02-12].
③ 田玉龙. 我国新兴产业创新发展现状. 中国党政干部论坛，2020（10）：51-52.

随着产业创新发展，未来 5—10 年，我国战略性新兴产业相关领域将呈现三大发展趋势：一是更加智能化。随着物联网、车联网、产业互联网的普及，智能泛在、万物互联时代来临，新一代信息技术产业规模激增，智能制造、智慧能源、智慧校园、智慧医疗等高水平的智能应用将成为常态。二是更加绿色高效。目前，我国能源生产和消费方式已实现了清洁、低碳、安全、高效的历史性变革。未来我国将在能源消费、能源供给、能源技术、能源体制等方面全方位革命，并加强国际合作，着力构建清洁低碳、安全高效的能源体系。三是更加融合共享。各种新问题促使不同学科、不同领域交叉融合，共享式、开放式的经济模式催生产业技术不断创新，推动产业快速发展。

当前，我国战略性新兴产业发展正处于抢占制高点、向更高位跃升的重要关口，但仍面临一些亟待解决的问题。第一，国际竞争激烈，外部挑战加剧。当前我国产业转型升级，但是部分发达国家为维护本国企业利益，加深了对我国的国际贸易壁垒和技术封锁，关键核心部件进口成本攀升或受阻，涉及范围从传统产业、传统产品向新兴产业、高技术产品蔓延，导致我国出口结构升级和全球供应链布局难度加大，挤压我国产业增长和升级空间。同时，目前我国基础研究能力仍是短板，特别"从 0 到 1"的原始创新能力"瓶颈"亟待突破，基础研究投入的整体水平和发达国家相比依然偏低。第二，产业创新环境和市场机制有待完善。技术创新成果的转化效率不高，"产学研用"有效结合的产业创新机制尚未形成；部分行业存在创新产品进入市场难的问题，市场准入和退出机制不健全。科技资源配置过度行政化，创新链与产业链融合不紧，科技创新活动存在"碎片化"和"孤岛"现象，对产业升级的支撑作用不够。第三，产业创新的高水平人才匮乏。产业创新发展离不开人才的支撑，战略性新兴产业涉及前沿技术和知识密集型人才。目前，我国产业创新总体水平与世界先进水平仍存在较大差距，拔尖创新人才较少。在人才引进方面，尚未形成全球人才吸纳体系，海外人才回归便利性不足；在人才培育方面，与产业发展相匹配的人才培育体系亟待建立。我们比以往任何时候更加迫切地需要培养造就高水平工程科技人才，以推动产业向中高端迈进，实现高质量发展。

（三）产业创新对工程人才的需求

人才强，产业兴。拥有一支规模大、素质高、结构优的工程科技人才队伍，有利于推进产业创新、提高自主创新能力。因此，培养满足产业发展需求的高水平科技创新人才，为行业提供智力支撑，是行业特色高校的责任和使命。我国行业特色高校人才培养的主要战略需求可从质量需求、结构需求和规模需求角度来分析。

1. 质量需求：突出跨界整合能力培养

行业特色高校的工程人才培养必须突出培养学生的跨界整合能力、解决问题的能力和创新能力，在专业层面要重视培养学生的通用能力，在课程层面重视跨学科学习、数理基础、科教融合。根据产业创新发展需求，行业特色高校工程人才的质量标准应从知识结构、能力结构、素质结构三方面来制定。①知识结构：不仅要具有坚实的 STEM 学科基础知识，掌握专业基础知识和专业技术知识，还要了解人文社会科学等不同学科领域的知识。②能力结构：不仅要具有自主学习能力、设计创新和工程实践能力、解决复杂问题的能力、组织领导和团队合作能力、沟通表达能力，以及资源整合能力，还要具有国际视野，了解国际文化和行业规则。③素质结构：不仅要具有良好的思想品德，如爱岗敬业和吃苦耐劳精神，还要具有良好的职业道德素养，如强烈的责任意识和职业操守，人文情怀和合作意识等。

2. 结构需求：进一步优化科类结构和层次结构

工程人才培养的科类结构，是指工程专业门类之间的比例关系。工程人才培养的层次结构，是指专科、本科和研究生三级之间的比例关系。科类结构与产业结构直接相关。2023 年 12 月，国家发展和改革委员会修订发布了《产业结构调整指导目录（2024 年本）》（以下简称《目录 2024 年本》）。与 2019 年版相比，鼓励类新增了"智能制造""农业机械装备""数控机床""网络安全"等行业大类及相关领域有利于产业优化升级的条目，限制类、淘汰类新增了"消防""建筑"行业大类及相关领域不符合绿色发展和安全生产要求的条目。①《目录（2024 年本）》修订的政策导向是推动制造业高端化、智能化、绿色化，巩固优势产业领先地位，在关系安全发展的领域加快补齐短板，构建优质高效的服务业新体系。由此，对工程人才的科类专业结构需求，主要集中于人

---

① 中华人民共和国国家发展和改革委员会令第 7 号[EB/OL]. https://www.gov.cn/zhengce/zhengceku/202312/content_6923472.htm.（2023-12-27）[2024-02-16].

工智能、高端装备制造、增材制造、物联网、大数据、云计算、新能源汽车、医药工业、智能机器人等领域。层次结构要按照国家对人才的需求层次和人才培养规律来设置。一般而言，工程人才培养的专科生、本科生和研究生三个层次，都需要工程科学、工程技术、工程管理教育。我国目前的情况是，专科生教育主要培养技术工程师和高级技师，本科生教育强调理论与工程实践的紧密结合，研究生教育主要培养研发型的高层次工程科技人才。在高层次人才培养上，还可分为基础理论型、研发应用型和生产实施型，以适应我国经济结构变化引起的对人才需求的变化。在新工业化进程中，我国将需要大批学科交叉型、复合型、创新型工程师，以及高科技领域的应用型工程师。从我国的工业发展水平和工业经济的技术结构看，除了需要一大批高层次、高水平的工程技术人员开发新产品、开拓新领域外，在我国数百万个企业中，需求量更大的是应用型人才。工程教育的层次的合理结构应呈金字塔、低重心，以适应我国国情的高等教育层次需求。

3. 规模需求：针对不同行业特性，稳步扩大人才规模

2020 年，人力资源社会保障部发布的《新职业在线学习平台发展报告》提出"未来 5 年，新职业人才需求规模庞大，预计云计算工程技术人员近 150 万、物联网安装调试员近 500 万、无人机驾驶员近 100 万、电子竞技员近 200 万、电子竞技运营师近 150 万、农业经理人近 150 万、人工智能人才近 500 万、建筑信息模型技术员近 130 万、工业机器人系统操作员和运维员均达到 125 万，数字化管理师从业人员已超过 200 万，人才缺口近千万"[①]。近几年，随着我国人工智能、物联网、大数据和云计算的广泛运用，与此相关的高新技术产业成为我国经济新的增长点，许多战略性新兴产业需要大量具有跨界整合能力和创新能力的工程人才。2023 年全国两会政府工作报告强调，推动高端装备、生物医药、新能源汽车、光伏、风电等新兴产业加快发展；促进传统产业改造升级，培育壮大战略性新兴产业，着力补强产业链薄弱环节。猎聘大数据研究院重点研究了较为热门的 15 个战略性新兴产业，推出《从两会看机会：2023 战略性新兴产业就业数据报告》。数据显示，这 15 个战略性新兴产业均处

---

① 首份新职业在线学习平台发展报告发布[EB/OL]. https://www.rmzxb.com.cn/c/2020-07-29/2630619.shtml.（2020-07-29）[2024-02-16].

于人才相对紧缺的状态，其中人才最紧缺的是智能制造，人才紧缺指数（TSI）为6.35；位居第二、第三的是生物技术、芯片，人才紧缺指数为2.45、1.93；物联网、新材料和人工智能位居第四至第六，人才紧缺指数为1.92、1.64、1.61。[①]适应产业创新发展的工程人才规模，应根据产业结构升级和调整因素、经济增长因素、人口基数因素等多方面因素有计划地稳步扩张。

---

① 《从两会看机会：2023战略性新兴产业就业数据报告》：智能制造人才最紧缺[EB/OL]. https://www.163.com/dy/article/HV55GATD0514R9KQ.html.（2023-03-06）[2024-02-16].

第二章 高水平工科行业特色高校实施 STEM 教育改革的现状与问题

一、发展概况

当前,世界范围内兴起了新一轮产业变革和科技革命,我国也提出了教育、科技、人才一体化推进教育强国战略,以新技术、新业态、新产业为特点的新经济应运而生,这为行业特色高校的教育改革与发展提供了难得的机遇。高水平行业特色高校是"双一流"建设中与行业联系紧密、发展水平相对较高的一类学校,它们与经济社会发展联系密切,具有行业特色鲜明的学科优势,擅长解决行业技术难题并且实践经验丰富,在服务国家战略需求、建设现代化强国等方面具有举足轻重的地位。

我国高水平行业特色高校的形成源于20世纪50年代的"院系调整"和行业办学政策。当时这类高校人才培养以单一学科为主,全面实施面向行业的专业教育。1978年党的十一届三中全会召开后,我国在经济和社会诸多方面进行了一系列改革。与此相适应,我国高等教育从20世纪80年代开始进入改革与发展新时期。20世纪90年代末,国家实施高等教育管理体制改革,"条块分割"成为改革的重点。在这次改革中,"行业划转院校"和"高水平行业特色高校"出现。

多年来,我国高水平行业特色高校人才培养虽然取得了长足进步,但也存在一系列问题,主要表现为"四过":一是办学定位过于同质化,片面强调向综合性、研究型大学转型。有些学校致力于外延扩张,盲目追求"大而全",从而出现了专业趋同、定位不准、特色不明的现象。二是优势学科过于单一,基础学科薄弱、新兴交叉学科培育拓展能力不足。行业特色高校往往只有少数几个实力雄厚的优势学科，而多数学科实力不足且交叉渗透能力较弱，新的学科生长力欠佳，导致新旧学科发展不协调、交叉融合缺失。三是过于去行业化，与行业企业联系弱化，行业部门和企业支持高校开展人才培养的意愿下降以及责任感减弱。随着隶属关系的变化，行业特色高校与原行业主管部门的联系逐渐变弱，行业部门主动进行人才培养的参与度不高，校企协同育人机制不健全。四是过度专注于培养学生特定的学科专业技能，而对雇主所寻求的通用能力重视不够，不能适应新时期多样性复合型人才的社会需求等。这些往往导致行业高校的学生出现实践能力和创新能力不足，跨界能力和适应能力弱而难以胜任引领产业转型升级的问题。

因此，高水平行业特色高校的人才培养要进行战略性转型，要由"去行业化"走向"再行业化"，要由"基于学科的教育"走向"学科交叉融合的教育"。在此背景下，高水平行业特色高校的教育改革有必要引入 STEM 教育理念。STEM 教育强调知识的综合性，重视学科交叉和知识融合，以培养学生解决问题能力、创新能力和跨界整合能力。STEM 教育不但可以发挥行业高校的传统优势，而且能够弥补传统行业高校人才培养的不足。应该说，在行业特色高校的工程人才培养改革中引入 STEM 教育极具适切性。

二、STEM 教育与高水平工科行业特色高校教育改革的适切性

自 1986 年美国发布《本科的科学、数学和工程教育》报告，正式拉开 STEM 教育发展的序幕以来，美国先后出台一系列政策法案，到 2018 年发布的《制定成功路线：美国 STEM 教育战略》，表明 STEM 教育逐渐形成体系化制度。随着艺术学科的加入，STEM 演变为 STEAM，我国学者甚至提出了 STEM+的概念。从纵向看，STEM 教育不仅从本科阶段下延到 K-12 阶段，而且一直延续至终身教育；从横向看，STEM 教育不仅超越了 4 门具体学科形态，而且发展为一种以多学科交叉融合方式培养人才的教育改革新理念。经过几十年的改革探索，人们对 STEM 教育逐步达成了以下 4 点共识。

（一）注重培养跨界整合能力

STEM 教育的核心目标是培养具备高阶思维能力、能够适应未来社会需要的创新人才，强调培养学生的批判性思维、设计思维、创造性解决问题的能

力、跨界整合能力以及复杂的合作共情能力。这些能力构成了 STEM 教育的核心素养。西方发达国家 STEM 课程聚焦跨界整合能力培养，强调跨界整合能力是运用多学科的知识，进行多角度思考、多角度分析、多方案对比来解决问题的通用能力。美国国家自然科学基金会教育与人类资源理事会副理事长拉玛雷（J. Ramaley）表示，开设 STEM 课程的目的主要是通过培养学生整合各领域知识、解决实际问题的能力，从而促使未来人才适应当今知识经济全球化水平、复杂性和合作性不断增强的大趋势。[①]为此特别强调对学生科学素养、技术素养、工程素养和数学素养等以及想象力、审美能力、人文底蕴的融合培养。[②]

STEM 教育框架深刻体现了对跨界整合能力的重视与培养，它倡导学生在科学、技术、工程和数学等多个领域间建立桥梁，实现知识的融合与创新。在此背景下，我国高水平工科类行业特色高校应将培养学生具备卓越的跨界整合能力置于教育目标的核心位置，这不仅是为了响应时代对复合型人才的需求，更是为了推动相关行业的转型升级，提供源源不断的智力资本与专业人才储备。通过这一教育策略的实施，我们可以有效地应对当前教育实践中存在的偏差，即部分高水平工科行业特色高校可能过分聚焦专业技能的精进，而忽视对学生通用能力、综合素质的培育，从而确保学生在未来职业生涯中能够灵活应对复杂多变的工作环境，成为引领行业创新发展的关键力量。

（二）开设学科交叉课程与开展项目式教学

要培养学生跨界整合能力，必须加强学科交叉融合。所谓学科交叉融合，是指跨越学科边界、打破学科壁垒、实现多领域学科知识之间交叉融合。STEM 课程不是将四门学科内容简单叠加，而是以某些复杂现实问题为核心，把原本独立的不同领域的学科知识和方法进行整合，通过基于问题的学习或基于项目的学习，实现 STEM 教育的跨学科课程整合。只有这样才能培养学生超越学科界限的高阶思维能力和解决复杂问题的能力，以应对未来的职业发展。与学科交叉融合课程相适应，STEM 教育的重要教学形式是项目式教学，即基于项目的学习方式。它强调在真实的任务中采取项目小组的形式深度学习，让

[①] 唐小为，王唯真. 整合 STEM 发展我国基础科学教育的有效路径分析. 教育研究，2014（9）：61-68.
[②] 教育部教育管理信息中心，北京师范大学，北京国信世教信息技术研究院. 中国 STEAM 教育发展报告. 北京：北京师范大学，2017：130, 130, 73.

学生学习和理解专业知识，主动设计制作并完成小组项目任务。这样的学习过程可以促进学生实现多学科知识之间的融合，培养其跨界整合能力、创新实践能力、团队合作能力、解决问题能力以及自主学习能力。开设学科交叉课程和开展项目式教学是西方发达国家 STEM 教育改革的主要标志。以"如何更好地对 STEM 教育资源进行整合"为中心进行课程改革，是美国 STEM 教育改革的重要内容。美国 STEM 教育课程改革普遍推崇的方式是将不同领域的课程进行跨学科整合，高校通常采用两种方式，第一种是设计基于职业情境的学习项目，第二种是鼓励学校与企业或科技馆、博物馆等校外机构一起，共同开发跨学科课程。①

在我国工科高水平行业特色高校的教育改革进程中，开设跨学科交叉课程与推行项目式教学法构成了其核心内容的关键组成部分。针对行业特色高校优势学科单一、学生知识面过窄、教学方法陈旧等问题，我国学者基于 STEM 教育理念，提出"问题比学科更重要"，主张取消学科间的界限，力图将所有学科内容整合到新的学习领域，不再强调独立学科的存在，而是将科学、技术、工程和数学等内容整合起来，形成结构化课程。在此基础上，学者提出了三种教学改革取向：一是学科知识整合取向，采用基于问题的学习；二是生活经验整合取向，采用基于项目的学习；三是学习者中心整合取向，采用学生主导项目的方式。②

（三）重视多元化评价

STEM 教育的学习评价不同于传统的评价方式，而是更注重学生跨学科知识运用能力、解决问题能力等 STEM 核心素养的发展。STEM 学习评价是从评价主体、评价内容、评价方法、评价结果使用四个方面考查学生 STEM 学习成果。从评价主体来看，STEM 教育注重学生自我评价和同伴评价，以及利益相关者的综合评价，而非教师单方面评价。从评价内容来看，STEM 教育强调开发与培养跨界整合能力目标相一致的评价指标。从评价方法来看，STEM 教育主张多样化的评价方法，改变传统闭卷考试的单一考核方式。如通过科研论

---

① 白逸仙. 美国 STEM 教育创新趋势：获得公平且高质量的学习体验. 高等工程教育研究，2019（6）：172-179.

② 余胜泉，胡翔. STEM 教育理念与跨学科整合模式[J]. 开放教育研究，2015，21（4）：13-22.

文、研究报告、产品展示、汇报、答辩等多种方式来考查学生 STEM 学习效果。从评价结果的使用来看，STEM 教育强调持续改进。西方发达国家 STEM 教育非常重视多元化评价，提出了循证评价思想，主张运用信息化手段收集学习数据并提供反馈信息，用数据准确反映学生的学习过程与学习效果，并科学指导教师教学学术和专业发展。首先，学生完成课程测试，形成学习证据；其次，将教师的预期教学目标与学生学习证据相联系，进行教师评估；同时，在教学过程中，建立教学档案及同行观察评价体系，辅以大学管理及其他外部因素进行激励；最终，根据学生满意度、学习证据实施纵向评估和数据分析，将学生学习效果与教师教学效果进行联系。[①]

为了推进创新人才培养，我国学者主张参照 STEM 教育的多元评价思想建构高水平行业特色高校教育改革评价体系。这种评价体系包括四个方面：第一，强调以第三方机构为评价主体，有效保障评价的客观性和专业性；第二，强调评价数据来源多元，以 STEM 学习过程、工作人员调查数据、学习者反馈数据等为评价对象，定量分析与定性分析相结合；第三，强调着眼于个体发展，制定评价指标指导实践；第四，强调重视对评价进行监督、反馈，促使交叉课程改革不断改进、完善，形成闭环评价机制。[②]

（四）倡导体系变革

STEM 教育是校内外联动、全员参与的教育生态系统。从高等教育体系的角度来看，STEM 教育在高等教育体系内部，需要打破学科之间、学院之间、大学之间的壁垒，改变条块分割的局面，促进资源流动，形成跨界创新；在高等教育体系与外部环境之间，需要打破高校与政府、企业、科研机构、社会团体之间的壁垒，让全社会共同参与 STEM 教育改革，形成战略上高度重视、资金上大力投入、多部门协同育人的一体化的 STEM 教育生态系统。西方发达国家非常重视 STEM 教育系统的健全与完善。在高校内部，主要从两方面着力：一是强调院系对课程教学的管理，重视教学学术，建立基于循证的教学评价体系。二是成立专门的组织协调机构支持 STEM 教育开展，协调院系内部与院系

---

① Shelton R N, Rawlings H R. Searching for better approaches: Effective evaluation of teaching and learning in STEM. Research Corporation for Science Advancement, 2015: 9-33

② 王楠, 唐倩, 张芮, 等. 美国 STEM 教育项目评价机制分析及其启示：基于美国典型 STEM 教育项目的案例分析[J]. 现代教育技术, 2019, 29 (9): 108-114.

之间的合作，在院系、教学中心、教师发展中心、行政部门之间建立协同机制。在高校外部，通过发展战略合作伙伴关系建立健康的STEM生态系统：一方面，强化学校教育与工作世界的联系，加强基于工作的学习和培训。学校与企业建立互惠互利的合作关系，为学生提供学徒制实习、合作教育（是一种教育模式，指的是学生在大学学习期间，学校为其提供与专业紧密相关的全职工作机会，使学生能够在学校学习与相关领域工作之间交替进行）等。企业为学生提供多样化的STEM职业体验，参与学校的前沿课程开发，激发学生对STEM领域职业的兴趣，部分企业家还走进高校课堂，与学校进行全方位合作。另一方面，联邦政府主导整合各种资源，动员高校、企业、社区、科技馆、博物馆等社会力量建立跨部门的联系，共同推进STEM教育，形成多部门协同育人的STEM教育生态系统。STEM教育体系变革思想契合高水平行业特色高校产教融合改革，打通高等教育与工作世界，充分发挥行业优势，建立多部门联动、校内外结合、全方位参与的校企协同育人新机制。

应该说，STEM教育的四点共识是一个完整的体系，既顺应全球知识经济时代的新需求，又体现了国际工程教育改革的新趋向。工程本质上是多学科的综合体，现代工程更是一个综合性的大系统。高等工程教育主张大工程观，将科学、技术、经济、社会、环境、艺术、伦理等多学科交叉融合在一起，共同解决新问题、创造新世界。作为我国高等工程教育的主体，高水平工科行业特色高校既要主动服务国家战略和区域发展，又要面向未来科技、产业和社会发展。

当前，高水平工科行业特色高校的教育改革同样注重这四个方面：一是在培养行业领域专门人才的同时，要更多地培养具有跨界整合能力的创新人才，为行业转型升级提供强有力的智力支撑；二是主张结合自身优势与特色进行多学科协同创新，设置跨学科专业和跨学科课程，并提倡基于问题的学习和基于项目的学习；三是重视行业企业深度参与人才培养，将行业企业的评价纳入学生学习效果综合评价，探索基于信息技术和大数据的教学评价体系；四是发挥行业优势，建立多部门联动、校内外结合、全方位培养的校企联合人才培养机制。因此，行业特色高校的工程教育改革与STEM教育理念具有高度的契合性。

三、STEM 教育视角下工科行业特色高校人才培养现状

（一）STEM 教育视角下工科行业特色高校人才培养研究设计

1. 研究假设

STEM 已经超越了具体学科，成为一种新的教育理念，它强调整合科学、技术、工程、数学等学科的学习，突出以学生为中心，强调跨学科学习，重视数理基础，主张"基于项目"和"基于设计"的科教融合。STEM 具有跨学科、趣味性、体验性、情境性、协作性、设计性、艺术性、实证性、技术增强性等九个特征。在跨学科整合上，有学科知识整合取向、生活经验整合取向、学习者中心整合取向三种类型。[①]可以说，STEM 教育是"一种重实践的跨学科政策的教育理念和教育模式"[②]。STEM 教育的提出，使传统理工科教育不再停留在单一学科内部，它打破了学科壁垒，采取更加灵活的学习方式，让学习者在真实情境中进行深度学习，这有利于创新人才的培养。值得注意的是，STEM 教育不是针对某个学科或学段的教学改革，它涉及整个学校系统，如学校办学定位与目标、教学活动、教学管理、条件保障等，甚至还有学校外部的政府政策和行业企业合作等方面。因此，应以整体性和系统性方式探究工科行业高校人才培养改革。

为此，本章进一步讨论的问题包括：当前我国工科行业特色高校的本科生对 STEM 教育的认同度如何？从 STEM 教育视角透视学生当下的学习现状呈现出什么特点？哪些因素影响了学生的 STEM 学习收获？基于此，本章提出 3 个基本假设，其中，第 1 个为前提性假设，第 2 个和第 3 个为验证性假设。

假设 1：STEM 教育能够应对学科割裂所造成的学生实践能力、创新能力和跨界整合能力缺乏的现状。

假设 2：工科行业特色高校的本科生总体接受 STEM 教育，但不同背景的学生对 STEM 教育的态度有差异。

假设 3：学生 STEM 的学习收获受学习目标、学习内容、学习方法等因素的影响。

为了进一步证实上述假设，笔者对我国 35 所工科行业特色高校本科生开展了调查。

[①] 余胜泉，胡翔. STEM 教育理念与跨学科整合模式. 开放教育研究，2015，21（4）：13-22.
[②] 钟秉林. STEAM 教育如何本土化. 人民政协报，2017-04-05（9）.

2. 问卷设计

首先，问卷围绕工科行业特色高校学生对 STEM 教育理念的认同和感知程度，以及 STEM 视角下学生学习的实际状况两个层面进行总体设计。其次，本章将 STEM 教育的内涵界定为跨学科、科教融合、数理基础 3 个方面，问卷在此基础上主要针对学生实践能力、创新能力、跨界整合能力设计题项。再次，综合众多学者对人才培养模式的内涵界定，问卷中包含培养目标、学习内容、学习方法、学习效果、条件保障等人才培养的基本要素。最后，考虑到 STEM 教育对学生来说是一个较新的教育理念，因此问卷中设置了学生 STEM 学习意愿的题项，旨在考察学生是否愿意接受 STEM 教育并主动参与 STEM 学习。

问卷第一部分为学生的学校名称、性别、就读年级等基本信息，第二部分每个题目采用利克特 5 级量表法，根据学生对各题项的感知程度分为"完全不符合""基本不符合""不确定""基本符合""完全符合" 5 个等级，并依次赋 1—5 分（附录一）。

3. 研究样本

调查采用网络问卷和纸质问卷，对全国 35 所工科行业特色高校的本科生进行随机抽样，调查在 2017 年 10—12 月进行，其间共发放问卷 4240 份，回收有效问卷 3950 份，有效回收率为 93.2%。其中，一流大学高校、一流学科高校、非"双一流"建设高校的抽样数比值接近 1∶2∶1，与"双一流"建设高校比例相符；男女比例接近 2∶1，且均匀分布在这些高校的大一至大四；有过辅修和创新实践比赛经历的学生约占一成。抽样结果与现实情况基本相符，具体见表 2-1。

表 2-1 调查样本的基本情况

项目	类别	频数	百分比/%
性别	男	2363	62.4
	女	1487	37.6
高校类型	一流大学高校	1148	29.1
	一流学科高校	1768	44.8
	非"双一流"建设高校	1034	26.2
高校行政归属	教育部直属	1970	49.9
	部委管理	771	19.5
	地方管理	1209	30.6

续表

项目	类别	频数	百分比/%
就读年级	大一	888	22.5
	大二	881	22.3
	大三	1079	27.3
	大四	1102	27.9
创新实践比赛经历	有	909	23.0
	无	3041	77.0
辅修专业	有	284	7.2
	无	3666	92.8
国外学习经历	有	219	5.5
	无	3731	94.5

4. 研究工具

问卷采用 SPSS 22.0 进行数据分析。在信度方面，整个问卷的克隆巴赫 α 系数为 0.945，问卷的内部一致性水平很高。在效度方面，问卷整体的 KMO 值为 0.948，$p=0.000<0.05$，累计方差贡献率达 64.059%，非常适合做因子分析。采用主成分分析方法抽取因子，将特征值大于 1 作为选择因素的标准并进行最大正交旋转，同时参照碎石图确定项目抽取因子的有效数目。最终确定为 6 个因子，借用原问卷对有关维度的命名，6 个因素分别命名为 STEM 学习目标、STEM 学习意愿、STEM 学习方法、STEM 学习内容、STEM 学习收获、学校教学支持，每道题目在相应因子上的负荷为 0.613—0.801。筛选后问卷整体信度为 0.933，各维度信度为 0.813—0.888。

（二）研究分析

1. STEM 教育视角下工科行业特色高校本科生学习现状透视

研究发现，在 6 个因素中，学生对 STEM 学习意愿认可度最高，分值为 3.95；对 STEM 学习目标、STEM 学习内容和学校教学支持的感知度相对较高，分值分别为 3.83、3.80、3.83；对 STEM 学习收获的感知度普遍较低，分值为 3.26；对 STEM 学习方法的感知度最低，分值为 3.20。

从 STEM 学习意愿上看，绝大多数学生认同"以学生为中心"的研究性学习，分值达 4.03。有 68.7% 的学生"喜欢师生互动、参与性强的课堂氛围",73.9%的学生"愿意积极参加老师的科研、课题项目",76.4%的学生"愿意积极参加各类创新实践竞赛",82.5%的学生"愿意积极参与企业实习",78.8%的学生认为"应增加实践教学的比重"。

从 STEM 学习目标上看,75.0%的学生"希望扎实掌握数学物理等基础学科知识"并且"希望在本科阶段具有一定的科研能力","希望成为专业基础扎实,同时具有跨学科、跨领域能力的复合型人才"。对于"愿意接受 STEM 教育"的题项,57.7%的学生明确表示愿意,32.1%的学生表示不确定。

从 STEM 学习内容上看,64.2%的学生认为"课堂学习涉及多学科的知识",70%以上的学生表示"课堂学习联系生活实际问题",而且经常"涉及本专业的发展前沿"。

从学校教学支持上看,64.5%的学生感受到了"以学生为中心"的教学管理。80%左右的学生认为学校鼓励学生参加实践竞赛,并且"有支持本科生科研的政策和资金",64.9%的学生体会到了"学校重视并鼓励本科生跨学科学习",然而只有五成左右的学生认为学校提供了很多去企业实习的机会。

从 STEM 学习收获上来看,学生的感知得分普遍偏低(3.0—3.5 分)。54.1%的学生感觉自己具备人文基本素养,40.0%的学生认为自己已具备解决问题和创新能力,认可自己数理基础的学生仅占 39.6%,只有约 32.0%的学生认为目前已具备一定的跨界整合能力和科研能力。学生 STEM 学习意愿与学习收获之间相差较大,恰恰反映出学校现有的人才培养在一定程度上存在问题,使学生无法达到预期目标。通过访谈我们了解到问题存在的两个主要原因:一是学生还没有找到适合自己学习发展的路径,因此对自己学习收获的感知度较低,认为与学习目标的差距较大;二是学校虽然提供了一系列教学支持政策,但没有惠及所有学生,教育资源的有效利用率较低,同时与学生 STEM 学习意愿的匹配度不高,不能满足学生发展的需求。

从 STEM 学习方法上来看,各题项均值都很低,表现在 3 个方面:一是企业实习。学生"有在本行业的企业实习的经历"的得分仅为 2.79。二是创新实践。学生"经常参加创新实践比赛(大创、大挑等)"的得分为 3.12,而"学校鼓励我们参加创新实践竞赛"的得分为 4.06,"学校有支持本科生科研的政策和资金"的得分为 3.95。数据对比显示,学生参与创新实践的频率不高、连续性不强,与学校政策支持有一定差距。访谈得知,只有少部分拔尖学生受益于学校支持创新实践的政策，而且繁重的课业压力使学生无法经常参加创新实践比赛。三是学习主体性。近一半学生在课堂的主动性没有充分发挥，19.4%的学生在课堂上被动学习，30.0%的学生不清楚自己在课堂中的定位，仅有45.5%的学生的课程设计来源于企业真实问题或老师的课题。

2. 不同背景的工科行业特色高校本科生 STEM 学习差异性分析

任何教育改革如果没有学生的广泛认同，都难以成功。因此，我们本着"以学生为中心"的原则，考察了 STEM 教育被学生接受的程度，以及引入 STEM 教育的可能性。本章通过单因素方差分析法和独立样本 t 检验，在 STEM 教育视角下比较不同背景的学生学习差异状况。

（1）性别差异

运用独立样本 t 检验分析方法比较不同性别的工科行业高校本科生的学习差异，分析发现，男女生在 STEM 学习意愿和 STEM 学习收获两个因素上存在显著性差异。女生的 STEM 学习意愿水平显著高于男生（$p<0.01$）。例如，在增加实践教学的比重、参加老师的科研与课题项目、到企业实习等问题上，女生的认同度显著高于男生。而在学习收获方面，男生的自我感知度显著高于女生（$p<0.05$）。

（2）年级差异

不同年级的学生在 6 个因素上均有显著性差异。①在 STEM 学习目标和 STEM 学习意愿上，大一（3.996）及大四（3.86）学生的 STEM 学习意愿显著高于大二（3.775）及大三（3.717）的学生（$p<0.001$）。大一学生学习热情高，渴望接受新鲜事物，因此对 STEM 学习的接受度很高；大四学生在考研和就业之际，有更强的学习动机与自主学习愿望，他们能够认识到 STEM 学习的益处，因此对于 STEM 学习目标和意愿表现得更加强烈。而大二和大三学生的 STEM 学习目标和意愿不升反降，是高校需要深思的问题。②在 STEM 学习内容上，大三（3.819）和大四（3.862）学生的得分显著高于大一（3.725）及大二（3.749）的学生（$p<0.001$）。通过访谈了解到，高年级学生专业课较多，课堂学习会涉及学科前沿和多学科解决的综合性问题。③在 STEM 学习方法和 STEM 学习收获上，大一至大四的得分逐渐增加，可见随着年级的升高，学生的学习方法越发多样化，学生的多种能力不断提升，学习收获感也逐年增强。④对于学校的教学支持，大一学生（3.942）最为满

意，大四学生（3.881）其次，大二（3.738）及大三（3.761）学生相对不满意，他们之间都存在显著性差异（$p<0.001$）。这与一些学者提出的本科生对学校的教学满意度呈现 U 形特征相符，即大一和大四学生对学校的教学管理满意度最高，中间年级的学生则可能存在逆反心态。

（3）毕业去向差异

毕业后不同去向的学生在 STEM 学习目标、STEM 学习意愿、STEM 学习内容、学校教学支持 4 个因素上均存在显著性差异。在 STEM 学习目标上，继续深造学生的学习目标分值（3.916）显著高于就业/创业的学生（3.645）和对未来不确定的学生（3.513）（$p<0.001$）。在 STEM 学习意愿上，继续深造的学生的 STEM 学习意愿得分（3.884）最高，对未来不确定的学生得分（3.657）最低。在 STEM 学习内容上，继续深造和就业/创业之间存在显著性差异（$p<0.001$），继续深造的学生认为教师的授课更加贴近行业前沿知识，注重跨学科的综合问题。在学校教学支持上，继续深造的学生的得分最高，对未来不确定的学生的得分最低。通过访谈得知，选择就业/创业的学生更看重实践动手能力和解决实际问题的能力，目前学校在案例学习、动手操作、企业实习等多个实践教学环节不能满足就业/创业学生的需求，导致他们对学校教学支持的感知程度显著偏低。另外，对未来不确定的学生在多个因素中的得分都显著偏低，这需要引起学校的关注。

（4）认知经历差异

运用独立样本 t 检验分析方法比较不同认知经历的工科行业高校本科生的学习差异。数据分析可知，学生在创新实践、辅修、国外学习等经历的差异与学生对 STEM 学习的各因素态度差异呈正相关。换言之，学生丰富的认知学习经历有助于学生参与 STEM 学习。分析可知，参加过创新实践比赛的学生，在 STEM 学习意愿、STEM 学习方法、STEM 学习内容、学校教学支持和 STEM 学习收获上的得分均显著高于未参加过创新实践比赛的学生；有辅修经历和国外学习经历的学生，在 STEM 学习方法和 STEM 学习收获两个因素上的得分均显著高于无创新实践、辅修、国外学习等经历的学生。

（5）学校类型差异

入选"双一流"的行业特色高校学生的分值高于非"双一流"高校的学生。在 STEM 学习目标和学校教学支持上，一流大学和一流学科高校的学生的分值明显高于非"双一流"高校。在 STEM 学习意愿上，一流学科高校大多属于优势学科较单一的学校，学生渴望学科交叉的多样性学习，所以对 STEM 学习意愿更强烈。一流学科高校的学生对 STEM 学习方法也更为重视，而一流大学的学生对 STEM 学习方法的重视程度相对较低。在 STEM 学习收获上，一流学科高校的学生，能够很容易地感觉到学有所获，而一流大学的学生 STEM 学习收获感水平最低。这可能因为，一方面，一流大学的学生相对不重视 STEM 教育，故 STEM 学习收获感水平较低；另一方面，这些高校的学生普遍素质更高，基础更好，对自身的要求也更高，所以较难感觉到有明显的收获。

（6）行业高校行政归属差异

分析发现，不同行政归属的行业高校在 6 个因素上均存在显著差异（$p<0.001$），教育部直属行业高校的学生的分值均高于地方管理行业高校的学生（$p<0.001$）。中国高等教育治理的一个重要特点是通过抓教育部直属高校带动其他各类高校发展，在这种治理体制下，教育部直属高校得到的社会支持更多，条件更好，生源质量也更高，学习效果也更好。值得注意的是，部委管理的行业高校的学生相对来说也拥有较好的资源，多个因素的分值显著高于地方管理的行业高校的学生。但是，在 STEM 学习方法上，部委管理的行业高校的学生的得分显著低于地方管理的行业高校的学生（$p<0.001$），表现出学习方法的单一性。这可能是因为部委管理的高校相对封闭和保守，对新的教育理念和教育方法不够敏感。

3. STEM 学习收获影响因素的多元回归分析

本科生学习效果影响机制是教育教学改革关注的焦点。赵炬明认为，本科教学改革的新三中心之一是以学习效果为中心，强调关注学习效果，把学习效果作为判断教学和学校工作成效的主要依据；重视测量与反馈在学习中的作用，建立有效的及时反馈机制，使效果评价能有效帮助学生调整学习，帮助教师调整教学，帮助学校调整工作。[①]李志义等也指出，成果导向的教育（outcome-based education，OBE）是指，教学设计和教学实施的目标是学生通

[①] 赵炬明. 论新三中心：概念与历史：美国 SC 本科教学改革研究之一[J]. 高等工程教育研究，2016（3）：35-56.

过教育过程最终所取得的学习成果。①由于成果导向的教育强调学生的自我比较，即结合自己的学习目标和预期表现对学习效果进行自我评价，故我们考察的学习效果就是学生感知的"STEM 学习收获"。基于此，本研究主要探寻工科行业高校本科生 STEM 学习收获的影响因素是什么，各因素怎样对本科生学习效果产生影响，影响程度有多大。

本研究以 6 个因素之一的 STEM 学习收获作为因变量 Y，将其他 5 个因子作为自变量，做多元线性回归分析。回归分析结果显示，作为自变量的其他 5 个因子中的"学校教学支持"，对因变量"STEM 学习收获"不具有显著解释作用。因此，在多元线性回归分析中，我们只把剩下的 4 个因素作为自变量 X，将其与因变量"STEM 学习收获"做显著性分析，这 4 个因素分别为 STEM 学习目标（$X1$）、STEM 学习意愿（$X2$）、STEM 学习方法（$X3$）、STEM 学习内容（$X4$）。回归分析结果显示，学校教学支持变量对解释 STEM 学习收获不存在显著作用，因此在分析中不做显著性影响的讨论，其他 4 个变量对学生 STEM 学习收获均存在显著的正向影响，最终求得回归方程为：$Y=0.753+0.227X1+0.046X2+0.449X3+0.086X4$。各变量对 STEM 学习收获的影响程度是：STEM 学习方法影响最为显著，其次为 STEM 学习目标，接着是 STEM 学习内容和 STEM 学习意愿。

如表 2-2 所示，STEM 学习目标对 STEM 学习收获具有显著影响。通过对比模型 2 和模型 1 可知，随着 STEM 学习意愿的引入，STEM 学习目标对 STEM 学习收获的影响有所下降，但在模型 3 中引入 STEM 学习方法变量后，STEM 学习目标的影响力显著上升（$p<0.001$）。这说明，学生有主动的 STEM 学习意愿后，成为具有跨学科能力的复合型人才这样的目标对学生感知的 STEM 学习收获的影响变得很小，而有具体的 STEM 学习方法出现后，学生又需要明确的学习目标对自身的学习进行引导。同时也发现，学习目标中的"$X1.4$ 愿意接受 STEM 教育"和"$X1.2$ 希望扎实掌握数学物理等基础学科知识"在解释力 4 个模型中都有显著贡献，在所有题项中贡献排名分列第 3 和第 5。

---

① 李志义，朱泓，刘志军，等. 用成果导向教育理念引导高等工程教育教学改革[J]. 高等工程教育研究，2014（2）：29-34+70.

表 2-2　自变量主要题项对 STEM 学习收获的多元线性回归分析

	因变量 STEM 学习收获	模型 1	模型 2	模型 3	模型 4
$X1$ STEM 学习目标	X1.1 希望成为专业基础扎实，同时具有跨学科、跨领域能力的复合型人才	0.066** (0.014)	0.02 (0.014)	0.062*** (0.012)	0.064*** (0.012)
	X1.2 希望扎实掌握数学物理等基础学科知识	0.140*** (0.014)	0.122*** (0.013)	0.107*** (0.012)	0.096*** (0.012)
	X1.3 希望在本科阶段具有一定的科研能力	0.112*** (0.015)	0.042* (0.015)	0.055** (0.013)	0.052** (0.013)
	X1.4 愿意接受 STEM 教育	0.208*** (0.012)	0.153*** (0.012)	0.109*** (0.011)	0.108*** (0.011)
$X2$ STEM 学习意愿	X2.1 应增加实践教学的比重		0.058** (0.014)	0.082*** (0.012)	0.066*** (0.013)
	X2.2 采用以学生为中心的研究性学习		0.078*** (0.016)	0.038* (0.014)	0.031 (0.014)
	X2.3 与不同学科专业的同学讨论交流		−0.023 (0.015)	−0.031 (0.013)	−0.035* (0.013)
	X2.4 喜欢师生互动、参与性强的课堂氛围		0.010 (0.016)	0.002 (0.014)	−0.002 (0.014)
	X2.5 愿意积极参加各类创新实践竞赛		0.200*** (0.015)	0.047* (0.014)	0.046* (0.014)
	X2.6 愿意积极参加老师的科研、课题项目		0.025 (0.017)	−0.009 (0.015)	−0.011 (0.015)
	X2.7 愿意积极参与企业实习		0.006 (0.015)	−0.006 (0.013)	−0.011 (0.013)
$X3$ STEM 学习方法	X3.1 主动性在课堂中得到了充分发挥			0.115*** (0.012)	0.095*** (0.012)
	X3.2 有机会与不同学科专业的同学交流合作			0.056** (0.011)	0.0410* (0.011)
	X3.3 积极参加各类创新实践竞赛			0.150*** (0.011)	0.150*** (0.011)
	X3.4 课程设计大多来源于企业的真实问题和老师的课题			0.100*** (0.011)	0.094*** (0.011)
	X3.5 有在本行业的企业实习的经历			0.175*** (0.008)	0.175*** (0.008)
$X4$ STEM 学习内容	X4.1 课堂学习涉及多学科的知识				0.108*** (0.012)
	X4.2 课堂学习联系生活实际问题				0.014 (0.014)
	X4.3 课堂学习涉及本专业的发展前沿				−0.008 (0.013)
	常数项	1.848***	1.283***	0.812***	0.750***
	R^2	0.185	0.247	0.422	0.431
	调整后 R^2	0.184	0.245	0.420	0.428
	F	223.941***	117.739***	179.455***	156.677***

*$p<0.05$，**$p<0.01$，***$p<0.001$；表中均为标准化回归系数，括号中为标准差。余同

STEM学习意愿对STEM学习收获的影响较弱。由模型2、模型4可以看出，学生愿意通过增加实践教学比重来增强STEM学习收获，相应的题目"$X2.1$应增加实践教学的比重"在学习意愿变量中的回归系数最高且$p<0.001$。还可看到，学生认为与不同学科的同学讨论交流并积极参加各类创新实践比赛，对学习收获具有显著影响（$p<0.05$），其他题项对STEM学习收获均不存在显著影响。

STEM学习方法对STEM学习收获影响力最大。由模型3、模型4可知，STEM学习方法各题项均对学习收获产生显著影响，且在最终的模型中此变量的影响最大。其中，题项"$X3.5$有在本行业的企业实习的经历"在模型4中的标准回归系数为0.175，在所有题项中贡献排名最高，题项"$X3.3$积极参加各类创新实践竞赛"的标准回归系数也高达0.150，在所有题项中贡献排名第2，"$X3.2$有机会与不同学科专业的同学交流合作"也有显著贡献（$p<0.01$）。

STEM学习内容对STEM学习收获的影响最小。就STEM学习内容看，只有题项"$X4.1$课堂学习涉及多学科的知识"有显著贡献（$p<0.001$），在所有题项中贡献排名第3，其他题项对STEM学习收获均不存在显著贡献。

（三）研究结论

1. 学生普遍接受STEM教育，并且学习意愿强烈

学生普遍认可和接受STEM教育，学习意愿强烈。他们较为认可STEM学习目标、STEM学习内容和学校目前提供的教学政策支持，但是对当前的学习方法不满意，而且现有的教学模式和方法让学生感觉学习收获很小。学生对STEM教育表示认可，表示愿意开展跨学科学习、赞成科教融合的理念和做法、认同数理等基础学科非常重要。学生达成学习目标的愿望非常强烈，他们清楚地知道自己想要什么；学生自主学习意识强烈，有创新实践精神，希望通过做中学尤其是实践教学来获得更多的实践性知识；学校已开始将跨学科、科教融合、做中学的理念贯彻在教学过程中，为培养创新实践人才提供了多种形式的支持和保障。但是学生的企业实习经历普遍偏少的问题较为突出，以学生为中心的课堂教学模式并未充分应用，教师本位的传统教学模式仍占主导地位，同时，学生真题真做的课程设计还不普遍。这些都不利于提高学生解决实际问题的能力。

2. 学生的 STEM 学习在性别、年级、毕业去向、认知经历、学校类型等多个因素上存在显著差异

①在性别方面，女生的 STEM 学习意愿水平显著高于男生，而男生对学习收获的自我感知度显著高于女生。②在年级方面，在 STEM 学习目标、STEM 学习意愿及学校教学支持三个因素上，大二和大三学生表现出对更高学习目标追求的不足，缺乏学习兴趣与主动性，并对学校的教学支持举措表现出明显的不满。③在毕业去向方面，继续深造的学生学习目标明确，积极主动获取知识和能力为深造打基础；就业/创业的学生则更加注重实践能力和解决问题的能力，认为多参加实践活动可以为就业积累经验；而对未来不确定的学生，他们在多个评价维度上的得分显著偏低，这个群体的发展情况不容忽视。④在认知经历方面，学生的创新实践经历、辅修经历以及国外学习经历等多样化的认知经历对 STEM 学习具有显著促进作用，使他们的 STEM 学习意愿更强，学习方法更加灵活多样，学习收获感更为明显，同时，他们更能敏锐地把握和利用学校的教学支持政策。⑤在学校类型方面，入选"双一流"的行业特色高校的学生在 STEM 学习各方面的表现得分均高于非"双一流"高校的学生，而教育部直属行业高校的学生的得分也普遍高于地方管理行业高校的学生。

3. 学生的 STEM 学习收获受 STEM 学习方法、学习目标、学习内容、学习意愿等因素的影响

本科生 STEM 学习收获受多种因素的影响，其中 STEM 学习方法的影响最大。此外，STEM 学习目标、学习内容、学习意愿也对学生的学习收获构成重要影响。然而，在本研究中，学校教学支持对学生学习收获的影响并不显著。学生普遍认为，"有在本行业的企业实习的经历"和"积极参加各类创新实践竞赛"对提高他们解决实际问题的能力及创新能力影响最大。教师讲课时"涉及多学科的知识"使他们逐渐具有一定的跨界整合意识，这对学习收获也有较大影响。同时，"扎实掌握数学物理等基础学科知识"和"愿意接受 STEM 教育"这两项也对学习收获产生了一定影响。但在 STEM 教育视角下，学生对当前的学习方法满意度低，尤其希望"增加实践教学的比重"，这反映出工科行业高校甚至大多数工科高校实践教学比重低、实践实习机会少、工程训练不足等问题，高校积极改进教学方法已刻不容缓。

四、高水平工科行业特色高校 STEM 教育改革的现状与问题

高水平行业特色高校以国家重大战略需求为导向，及时为行业企业的发展提供从战略规划到技术支持再到人才输送等全方位的服务，在行业领域具有重要地位。然而，随着高水平行业特色高校的不断发展，优势学科的相关学科得到快速发展，但是学科交叉融合的大环境尚未形成，从而出现了跨界创新人才培养弱化的问题。鉴于 STEM 教育跨界融合理念与行业特色高校人才培养改革目标的高度契合，越来越多的行业特色高校根据 STEM 教育理念实施改革。本节聚焦"双一流"建设高校中涉及水、电、地、矿、油、交通、通信等国民经济关键领域、关系国家发展全局的部分工科类行业特色高校。

为了进一步了解高水平工科行业特色高校开展 STEM 教育的现状和存在的突出问题，笔者进行了定量和定性相结合的调查研究。首先，笔者对全国 24 所高水平工科行业特色高校的本科生和专任教师进行了问卷调查，其中，发放学生问卷 3000 份，回收有效问卷 2479 份，有效回收率为 82.6%；发放教师问卷 1150 份，回收有效问卷 968 份，有效回收率为 84.2%。主要采用分类抽样和随机抽样的方法，在被调研的高水平工科行业特色高校中，对于学生问卷，先按照本科 4 个年级分类，然后在不同年级随机抽样；对于教师问卷（附录二），先按照学科将专任教师分为理工、文史、经管 3 个主要大类，然后在不同学院随机抽样。同时，对北京航空航天大学、北京理工大学、中国矿业大学、北京邮电大学、北京交通大学、华北电力大学、西安电子科技大学等高水平工科行业特色高校的 9 位教师进行深度访谈（附录三），访谈对象涵盖老中青，以及不同职称和教龄，其中有 4 位教师具有行政兼职。笔者对原始访谈资料进行登录、编码、归类（表 2-3）。

表 2-3 受访教师基本信息

教师编号	院校类型	学科专业	职称	行政兼职	教龄
教师 A	一流学科建设高校	核科学与核技术	讲师	无	7 年
教师 B	一流学科建设高校	电气工程	副教授	院长助理	13 年
教师 C	一流学科建设高校	动力工程	教授	院长	30 年
教师 D	一流大学建设高校	机械工程	讲师	无	9 年
教师 E	一流大学建设高校	软件工程	副教授	无	7 年
教师 F	一流学科建设高校	安全工程	教授	院长兼党委书记	24 年

续表

教师编号	院校类型	学科专业	职称	行政兼职	教龄
教师 G	一流大学建设高校	通信工程	教授	副院长	30 年
教师 H	一流大学建设高校	无线通信	教授	无	32 年
教师 I	一流学科建设高校	轨道交通	副教授	无	20 年

调研发现，目前高水平工科行业特色高校教育教学主要存在如下问题。

1. 教师普遍认同培养学生通用能力的重要性，但为突出学校的行业特色，仍侧重培养学生的专业能力

就业市场对毕业生通用能力的需要高于对其专业能力的需要。在此背景下，高水平工科行业特色高校教师普遍认同培养学生通用能力的重要性。有83.9%的教师认为"本科阶段应培养学生解决实际问题的能力、创新能力和跨界整合能力"，他们认为本科生应具备多种通用能力，才能为社会所需要的复合型人才做好准备。被访谈的教师都提到了"社会需求"，可见高水平行业特色高校教师很注重培养适应社会需求、综合能力强的人才。

> 我们培养人才决定于社会需要什么样的人才。我们学校会培养很多"码农"，我希望学生的编程能力强，其他能力也很强，否则不符合学校的要求，也肯定不满足行业的要求。企业招聘时，除了看重专业技术能力外，还看重很多其他能力，比如合作能力、表达能力等。（教师 H）

> 从专业认证的角度讲，学生不能说我只懂电力，还必须考虑社会需求、人文关怀、工程伦理等，这就要求学生要有大工程观，要接受通识教育。（教师 B）

尽管高水平工科行业特色高校教师普遍认同培养学生通用能力的重要性，但仍然担心过于强调通用能力会削弱专业能力的培养，甚至弱化学校的行业特色。笔者在访谈中了解到，在高水平工科行业特色高校中，新兴学科的教师以及教龄短的年轻教师倾向于学生通用能力的培养，传统优势学科的教师以及教龄在 16 年以上的教师强调学生专业能力的培养。后者普遍认为，为了保持学校行业特色和优势，应该培养专才。

> 如果培养很多交叉学科的人才，学校特色就消失了。跟其他学校比，

优势就会下降。所以专才是我们的优势，放弃专才也就放弃了我们学校的优势。（教师C）

2. 师生普遍认同跨学科学习的重要性，但改革实践中受制于学校的管理制度

由于高水平工科行业特色高校在"基于学科的教育"方面培养创新人才具有较为明显的弊端，越来越多的师生认同跨学科的教育。在调查中，75.8%的学生"希望成为专业基础扎实，同时具有跨学科、跨领域能力的复合型人才"；88.7%的教师认为"应该为本科生开设跨学科课程"，跨学科教学对本科生的帮助很大；72.5%的教师认为"学生跨专业合作学习效果更好"，但仅有4.2%的学生认为"课堂学习涉及多学科的知识"，只有54.2%的学生"有机会与不同学科专业的同学交流合作"。对此，学校和教师应加强跨学科教学，积极为本科生提供更多不同学科专业学生交流学习的机会。在访谈中，大部分教师认为培养学生的跨学科学习能力非常重要，教师B的观点有一定的代表性：

> 非常有必要培养学生的跨学科能力，比如说电力、热力、交通等领域的项目，需要几个学科协同才能完成好。如果学生只具备单一学科的知识，显然不够，或者说他只能做项目的某一小部分，要成为高级人才或项目领导者，没有跨学科的知识和能力肯定不行。

尽管跨学科和科教融合的人才培养方式已得到大多数教师的认同，他们也有意识地将跨学科、科研与教学结合在一起，但进一步的调查显示，"跨学科"并没有充分体现到课堂教学中，而且教师普遍认为跨学科教学改革受制于学校组织和制度，而学校的组织和制度又受制于宏观社会环境。

1998年发表的《重建本科教育：美国研究型大学发展蓝图》的报告中提到，研究型大学本科教育中"大学的组织模式始终是跨学科研究和学习的主要障碍"[①]。在我国，虽然在新一轮本科教学改革中，高校的改革重点是通过打破学科专业的壁垒，推动大类招生、打通培养和学生自选专业，推进科教结合等实践探索，但依然存在课程的相互独立或拼盘问题，缺少学科之间真正意义上的知识整合。高校以学科分化为基础的管理体制、刚性的教学管理仍然不适

---

① 朱雪文. 彻底变革大学本科教育：美国研究型大学的蓝图. 全球教育展望，2001，30（3）：67-73+2.

应跨学科教育等情况。①

概括来讲，学校组织和制度方面的约束主要表现在三个方面。

一是激励机制不完善。正如一位教师所言：

> 实际上绝大多数老师有开展跨学科教学的能力，关键是他们愿不愿意去做这件事。发表高端论文的学术大牛很多，他们能力很强，可他们的心能否用在教学上，这是激励和约束机制的问题。（教师A）

二是行业特色高校优势学科单一，不利于学科交叉。一位教师的表述很有代表性：

> 如果我们学校除了有通信专业很牛的人之外，还有其他学科很强的人，那对学生的培养肯定有好处。但我们学校能跨的专业太少了，最强的几个学科都是很接近的，我们就算想跨也没有办法跨。（教师G）

三是课程体系缺乏整体设计，整合深度不够。尽管学校设置跨学科课程，但教师仍将跨学科理解为不同课程的简单拼凑，在设计课程体系时为整合而整合，并未挖掘出不同学科、不同专业课程之间的内在联系。据一位教师反映：

> 我们在修订培养方案时，根据学校要求设置了一些"跨学科"课程。但多数老师认为，这就是把不同学科的课程直接安置到课程体系中，他们非常不情愿，觉得如果加入非本专业的课程，就会挤占原本有限的专业课程学习，会造成本专业课程体系的杂乱不协调。（教师F）

3. 教师普遍认同项目式教学的价值，但实施过程中受到多方掣肘

在人才培养过程中，当前学生反映最强烈的问题是实践教学弱化。78.8%的被调查学生认为"应增加实践教学的比重"，这实际反映出工科行业特色高校乃至大多数工科高校实践教学比重偏低、实践实习机会少、工程训练不足等普遍问题。为解决这一问题，教育界推崇项目式教学。项目式教学虽然能够提高学生的学习积极性和解决实际问题的能力，但对教师提出了很高的要求，每个项目都需要教师从形式、内容以及考核方式等方面精心设计，既要适合学生现阶段的知识能力水平，又要激发学生学习兴趣。这需要教师花大量的时间和

---

① 李佳敏. 跨界与融合：基于学科交叉的大学人才培养研究. 华东师范大学, 2014.

精力来设计，如果学校缺乏相应的激励机制，教师可能放弃开展项目式教学，所以大部分教师还是沿用传统的讲授式教学。

> 不是我们不想指导本科生的科研活动，而是现实情况很无奈。一方面，学校现在对指导老师几乎没有鼓励政策；另一方面，刚开始立项的时候往往是学生来找我们指导，到后来就变成我们推着他们完成了，我们也是时间和精力有限。（教师D）

> 主要是我们时间不够。比如为了有效开展项目式教学，把一个班里每五个学生分成一组，大家以团队形式做项目。从开题、进展报告、中期报告，到结题前预答辩、结题答辩，这样根据流程完整地把项目做下来老师就会特别累，也耗费特别多时间。但是学校只是希望老师能做好这个工作，只给予精神上的鼓励，而不认可这个工作量，我觉得这是不可持续发展的。（教师I）

> 很多老师还没有把自己的科研内容引入教学的意识，不是因为他们没有这个能力，而是因为没有时间或没有政策激励他们去做。（教师E）

4. STEM 教育亟待制度创新，但评价体系和产学合作体系尚不健全

高水平工科行业特色高校开展 STEM 教育改革应以学校的制度建设为前提条件。如果高校相应的评价体系和支撑体系还未建立，STEM 教育改革不可能取得应有的成效。人们常说，没有评价就没有管理。STEM 教育是面向青少年的教育，也是进入学校的教育，因此什么样的课程能够进入学校，期望取得什么样的效果，开展的 STEM 教育项目是否达到了预期效果，最终培养的 STEM 人才数量和质量是否与国家的发展需求相匹配，高等教育和基础教育应该做什么调整，都应该有相应的标准和评估。只有这样，才能保证 STEM 教育有效、健康地发展，而不会出现乱象丛生、鱼龙混杂的局面。目前，我国的 STEM 教育还处于发展初期，虽然各类学校开展了 STEM 教育，但都建立在相关学科独立评价的基础上，没有形成专门的 STEM 教育评价机制，致使相应的系统性评价标准和评估机制都未建立，这一状况亟须改进。[①]

此外，开展 STEM 教育所需的产学合作体系建设存在突出问题。它体现在

---

① 中国教育科学研究院 STEM 教育研究中心. 中国 STEM 教育白皮书. 北京：中国教育课程研究院，2017：24+32+60.

适应科技转型发展需要的跨界整合能力高素质人才培养体系还不完善，社会优质资源转化为人才培养资源的机制还未建立，产学合作协同育人的机制尚不健全。目前在校企之间，大多是单维度点对点的合作方式，不能解决人才培养的体系性和可持续性，产学合作资源配置结构不均衡，为本科生提供在企业实习的资源和机会有限。

五、结论

总体来看，高水平工科行业特色高校开展 STEM 教育得到了师生的广泛认可。学生普遍接受 STEM 教育，并且其 STEM 学习意愿强烈；学生的 STEM 学习在性别、年级、毕业去向、学校类型、认知经历等多个因素上存在显著差异；学生的 STEM 学习收获受 STEM 学习方法、STEM 学习目标、STEM 学习内容、STEM 学习意愿等因素的影响。教师普遍认同培养学生通用能力的重要性，但为突出学校的行业特色，仍侧重培养学生的专业能力；师生普遍认同跨学科学习的重要性，但改革实践中受制于学校的管理制度；教师普遍认同项目式教学的价值，但实施过程中受到多方掣肘。

第三章 高水平工科行业特色高校开展 STEM 教育影响因素

高水平行业特色高校作为我国创新型国家建设的重要支点和科技创新的重要基地,在引领行业发展、服务国家战略需要、建设科技强国等方面做出突出贡献。第一轮"双一流"建设高校共 140 所,其中,行业特色高校就有 89 所,占 63.6%;其中一流学科建设高校有 95 所,行业特色高校就有 71 所,占比 74.7%。可见,作为"双一流"大学中的主力军,建设好行业特色高校是"双一流"建设的重中之重。针对行业特色高校人才培养中的不足,其重要改革方向应当是跨学科、科教融合、专业教育的同时重视通识能力培养,那么引入 STEM 教育理念具有较强的适切性。

要将 STEM 教育理念落在实处,必须"以学生为中心",最终目的是以 STEM 教育理念为指引,实现教育变革,培养能够引领行业发展且具有实践能力、创新能力和跨界整合能力的工程科技人才。STEM 教育实施效果的好坏取决于教育教学的两大主体——学生和教师参与其中的意愿,因为行为意愿是开展行动的前提条件。为此,本章抽样选取入选"双一流"建设名单的部分工科行业高校的本科生和教师,将其作为研究对象,通过调查问卷测量本科生 STEM 学习意愿以及教师开展 STEM 教育的意愿,并分析其影响因素,以期对高水平行业特色高校教育改革提供借鉴。

一、高水平工科行业特色高校本科生 STEM 学习意愿影响因素

(一)基于计划行为理论的研究设计

1. 理论基础

问卷根据 Ajzen 在 1991 年提出的计划行为理论而设计。该理论认为感知

行为控制力（perceived behavior control）、特定行为态度（attitude toward the behavior）和主观规范（subjective norm）会对实施某个行为意愿产生影响。感知行为控制力即凭借既往经验积累或技能对实施某个具体行为困难系数的预期评估，特定行为态度是指个人向某种既定行为或事件做出的正负面评价，主观规范是指高校等外界因素对个人实施某种既定活动的期望[①]。

本科生 STEM 学习意愿，可以依据该理论对问卷进行设计和分析。例如，感知行为控制力，可包括学生对自己已具备某种能力的感知度；特定行为态度，是指学生对开设跨学科课程、开展科教融合等的评价和认可程度；主观规范（即学校教学管理制度），是指对学生进行 STEM 教育的支持程度。此外，高校教师普遍提出学生对待新事物的思路、应对新事物的方法对于本科生开展 STEM 学习同样具有重要影响。所以，本节在计划行为理论基础上扩展了第四个维度即学生的学习方法，如与不同学科专业的同学交流讨论，参加教师的科研项目等。最终将影响本科生 STEM 学习意愿的 4 个维度分别命名为感知行为控制力、特定行为态度、主观规范和学习方法。

2. 问卷设计

本节研究制定了"高水平工科行业特色高校本科生 STEM 学习意愿影响因素调查问卷"。一方面，问卷设计体现了一流本科教育和一流人才培养的内涵，主要针对学生的跨学科整合能力、创新实践能力、通用能力、解决实际问题的能力以及数理基础等内容设计题项；另一方面，在计划行为理论的基础上，根据感知行为控制力、特定行为态度、主观规范和学习方法 4 个方面进行设计。

问卷主要包括两部分：第一部分运用德尔菲法充分讨论确定了 9 个背景信息，分别是性别、年级、院校类型、行业类型、学科大类、创新实践比赛经历、辅修经历、国外学习经历以及毕业后首选去向等。其中行业类型是以行业高校的优势学科为基础，按照《国民经济行业分类（GB/T4754—2017）》划分的。第二部分采用利克特 5 级量表法，根据学生对 STEM 学习的感知程度设为"完全不符合""基本不符合""不确定""基本符合""完全符合" 5 个等级，并依次赋 1—5 分。

[①] Ajzen I. The theory of planned behavior. Organizational Behavior and Human Decision Processes，1991，50（2）：179-211.

（二）数据来源与描述性统计

1. 数据来源

本节聚焦"双一流"建设名单中涉及水、电、地、矿、油、交通等国民经济关键领域和关系国家发展全局的部分工科行业特色高校，主要是因为这些高校具有显著的行业办学特色和突出的学科群优势，在其行业领域内处于"领头雁"地位，他们培养的工程科技人才更具代表性。

我们面向 24 所"双一流"工科行业特色高校的本科生发放问卷 3000 份，收回有效问卷 2749 份，有效率为 91.63%。抽样的方法主要采用分层抽样和简单随机抽样，即先按照年级将本科生分为 4 类，然后在不同年级中按照简单随机抽样法抽取样本。

2. 描述性统计

样本基本特征如表 3-1 所示，男女性别比例为 6:4，学科大类分布以理工类为主，这与行业高校实际情况较为相符。年级分布较为均匀，同时样本中"一流大学建设高校"占 34.9%，"一流学科建设高校"占 65.1%，基本符合 42 所"一流大学建设高校"和 95 所"一流学科建设高校"的数量特征，因此样本的代表性良好。

表 3-1 样本基本特征描述性统计结果

变量名称	变量定义	样本数/人	百分比/%
性别	男	1689	61.4
	女	1060	38.6
年级	大一	600	21.8
	大二	485	17.6
	大三	651	23.7
	大四	1013	36.9
院校类型	一流大学建设高校	960	34.9
	一流学科建设高校	1789	65.1
行业类型	采矿类	169	6.1
	制造类	700	25.5
	电力、热电、燃气及水生产和供应类	848	30.8
	交通运输、仓储和邮政类	357	13.0
	信息技术、软件和信息技术服务类	675	24.6
学科大类	理工类	2362	85.9

续表

变量名称	变量定义	样本数/人	百分比/%
学科大类	文史类	124	4.5
	经管类	177	6.4
	其他	86	3.1
比赛经历	是	621	22.6
	否	2128	77.4
辅修经历	是	178	6.5
	否	2571	93.5
国外经历	是	152	5.5
	否	2597	94.5
毕业去向	就业创业	681	24.8
	继续深造	1959	71.2
	其他	109	4.0

第二部分包括 4 个自变量：$X1$ 感知行为控制力、$X2$ 特定行为态度、$X3$ 学习方法和 $X4$ 主观规范，以及一个因变量 Y 即 STEM 学习意愿。在"我愿意接受 STEM 教育"的因变量题项上，均值为 3.70，说明被调查的本科生整体上愿意接受 STEM 教育。在自变量 $X1$ 感知行为控制力维度，学生对自己已具备跨界整合能力和一定科研能力的感知度相对较低，其均值分别为 3.15 和 3.06，而这两项能力恰恰是 STEM 教育要求学生所具备的重要能力，这或可说明目前"双一流"行业高校对学生这些能力的培养重视度还不够；在 $X2$ 特定行为态度维度，"我认为数理基础对工科的学习非常重要"题项均值为 4.07，说明被调查的工科行业高校的学生普遍比较重视数理基础；在 $X3$ 学习方法维度，分值普遍较高，其中，"愿意与不同学科专业同学交流""喜欢师生互动的课堂氛围""愿意积极参与企业实习"3 个题项的均值都超过了 4.0，说明被调查的本科生认可并愿意接受多种方法的学习。在 $X4$ 主观规范维度，各题项均值都高于 3.70，显示学生对学校开展 STEM 教育的管理支持政策整体呈认可态度。

（三）大学生 STEM 学习意愿影响因素的数据分析

1. 信度效度分析

本研究采用克隆巴赫 α 系数进行信度检验，问卷总体的 α 系数为 0.917，说明问卷信度非常好。对问卷数据进行 KMO 检验和 Bartlett 球形检验，KMO

值为 0.918，近似方差达到 29173.263，数据适合因子分析。通过主成分分析法提取特征值大于 1 的 4 个因子，旋转成分矩阵各因素项目负荷值为 0.529—0.840，累计方差贡献率为 60.868%，问卷的结构效度较好。

2. 因子分析

将进行因子分析之后得到的 4 个维度分别命名为能力认知、学习方法、教学管理和行为态度，如表 3-2 所示。其中能力认知维度包含 6 个因子，主要反映本科生目前所具备的跨界整合、数理基础和解决实际问题的能力；学习方法维度包含 6 个因子，主要体现学生跨学科学习交流、参加教师科研项目以及各类创新实践比赛等学习方法；教学管理维度包含 5 个因子，主要说明学校教学管理制度鼓励本科生参与跨学科学习、参加创新实践比赛和去企业实习的支持程度；行为态度维度包含 5 个因子，主要反映本科生对跨学科学习、增强数理基础和增加实践教学环节的态度。整体来看，4 个维度的因子数量分布较均匀。

表 3-2 旋转后的因子载荷矩阵

变量序号	变量名称	能力认知	学习方法	教学管理	行为态度
X1.1	已具备一定的解决实际问题能力	0.731	0.183	0.109	0.070
X1.2	已具备一定的创新能力	0.788	0.1555	0.111	0.111
X1.3	已具备一定的跨界整合能力	0.791	0.164	0.107	0.072
X1.4	已具备人文社科基本素养	0.642	0.197	0.121	0.064
X1.5	已具备扎实的数学和物理基础	0.701	−0.002	0.168	0.299
X1.6	已具备一定的科研能力	0.805	0.064	0.122	0.102
X2.1	本科阶段应开设跨学科的课程	0.129	0.267	0.115	0.688
X2.2	数理基础对本科的学习非常重要	0.067	0.325	0.174	0.654
X2.3	自主选课注重跨学科课程的学习	0.176	0.119	0.113	0.854
X2.4	应增加实践教学的比重	0.176	0.267	0.100	0.714
X2.5	所在专业重视数理等基础学科	0.089	0.231	0.300	0.529
X3.1	采用以学生为中心的研究性学习	0.154	0.673	0.169	0.218
X3.2	积极与不同学科专业同学交流	0.090	0.708	0.145	0.227
X3.3	喜欢互动参与性强的课堂氛围	0.121	0.605	0.175	0.287
X3.4	积极参加各类创新实践竞赛	0.263	0.677	0.168	0.180
X3.5	积极参加教师的科研、课题项目	0.172	0.700	0.216	0.246
X3.6	积极参与企业实习	0.095	0.741	0.184	0.113

续表

变量序号	变量名称	因子 能力认知	因子 学习方法	因子 教学管理	因子 行为态度
X4.1	教学管理制度体现以学生为中心	0.173	0.182	0.750	0.140
X4.2	鼓励本科生参与跨学科的学习	0.171	0.215	0.748	0.120
X4.3	为本科生参与科研提供政策资金	0.083	0.257	0.694	0.191
X4.4	为本科生提供去企业实习的机会	0.140	0.124	0.817	0.110
X4.5	学校与行业企业联系密切	0.139	0.155	0.787	0.137

3. 相关分析

本节利用 Pearson 相关系数来测量能力认知、行为态度、学习方法和教学管理 4 个因子与学生接受 STEM 教育意愿之间的关系程度。结果显示，能力认知、行为态度、学习方法和教学管理均与学生接受 STEM 教育意愿呈显著相关，且均为正相关关系。4 个因子按照与学生接受 STEM 教育意愿的相关性大小顺序依次为行为态度（$r=0.565$）、学习方法（$r=0.448$）、能力认知（$r=0.350$）和教学管理（$r=0.290$），且 p 值均小于 0.001。也就是说，学生的行为态度对他们 STEM 学习意愿的影响最大，学生的学习方法、自我能力认知以及学校的教学管理制度，对本科生 STEM 学习意愿也不同程度地构成影响。

4. 不同背景本科生 STEM 学习意愿的影响因素分析

（1）性别差异

本节利用 t 检验，分析性别对本科生接受 STEM 教育意愿的影响。如果 F 值显著，认为两个不同群体方差不相等，此时"假设方差不相等"所对应的 t 值如果显著，则 $p<0.05$。如果 F 值不显著，则认为两个不同群体方差相等，此时"假设方差相等"所属的 t 值如果显著，则 $p<0.05$。根据表 3-3，男女生在行为态度和学习方法上有显著差异，其 p 值均小于 0.01。男生比女生在行为态度维度上得分更高，即男生比女生更愿意接受 STEM 教育。在学习方法维度，女生比男生得分更高，说明女生更愿意接受 STEM 教育的学习方法，女生更希望参与到创新实践竞赛、教师科研项目和企业实习当中。

表 3-3　性别对学生接受 STEM 教育意愿影响因素检验

项目		方差方程的 Levene 检验		均值方程的 t 检验		
		F	p	t	df	p（双侧）
能力认知	假设方差相等	0.022	0.881	1.768	2747	0.077
	假设方差不相等			1.773	2272.397	0.076
行为态度	假设方差相等	1.365	0.243	2.629**	2747	0.009
	假设方差不相等			2.658	2330.078	0.008
学习方法	假设方差相等	22.841	0.000	−4.857	2747	0.000
	假设方差不相等			−5.061***	2535.672	0.000
教学管理	假设方差相等	4.599	0.032	−1.381	2747	0.167
	假设方差不相等			−1.395	2327.739	0.163

（2）年级差异

本节通过单因素方差分析来验证不同年级的学生在 STEM 学习意愿的 4 个维度上的差异性。如表 3-4 所示，不同年级的学生在能力认知、行为态度、教学管理方面均具有非常显著的差异，其 p 值均小于 0.001，而在学习方法维度无显著差异，该维度 p 值为 0.314。之后运用 Bonferroni 法进行两两事后检测发现：在能力认知维度，从大四到大一依次降低，表明大四学生在知识积累、跨界整合能力和解决实际问题能力方面相较于低年级学生更强。这与史静寰教授在"中国大学生学习与发展追踪研究"中的发现不谋而合，即大四学生通过四年的积累，更容易适应整合性学习理念[①]。在行为态度维度，大一学生比大三、大四学生更认可 STEM 教育，大二学生比大四学生更认可 STEM 教育。我们认为大一、大二学生处于逐步适应大学生活的初期阶段，普遍具有较高的跨专业学习、参加创新实践比赛、开展科学研究的热情；而大三、大四学生对学校的教学改革往往表现出无所谓的态度，所以大三、大四学生对 STEM 教育理念的认可程度相对较低。在教学管理维度，本科生对学校支持 STEM 教育的政策满意度呈现 U 形分布，即大一、大四学生对 STEM 教育的教学管理政策满意度相对较高，我们认为，这主要是因为大一新生在适应大学教学管理的过程中比较顺从，以及大四学生临近毕业，对母校的热爱感升温。

---

① 文雯，史静寰，周子矜. 大四现象：一种学习方式的转型——清华大学本科教育学情调查报告 2013[J]. 清华教育研究，2014（3）：45-54+80.

表 3-4　年级对学生接受 STEM 教育意愿影响因素 ANOVA 分析

维度	年级	F	p	事后检测
能力认知	大一 大二 大三 大四	94.552***	0.000	大四>大三>大二>大一
行为态度	大一 大二 大三 大四	13.962***	0.000	大一>大三 大一>大四 大二>大四
学习方法	大一 大二 大三 大四	1.185	0.314	
教学管理	大一 大二 大三 大四	13.573***	0.000	大一>大四>大二 大一>大四>大三

（3）院校类型差异

本节将"双一流"工科行业高校分为一流大学建设高校和一流学科建设高校两类，进行独立样本 t 检验。这两类行业高校学生在能力认知、行为态度、教学管理 3 个维度具有显著差异，而在学习方法上并无显著差异。一流大学建设高校学生在行为态度和学校的教学管理两个维度的得分均高于一流学科建设高校学生，这可能是因为一流大学建设高校具有更丰富的学科体系和更好的资源平台，因此学生对于学校支持 STEM 教育的政策持更为积极的态度，更希望成为复合型人才。在能力认知维度，一流学科建设高校学生得分显著高于一流大学建设高校，这反映出一流学科建设高校的本科生更关注自己在解决实际问题和实践创新问题方面的能力。

（4）行业类型差异

通过单因素方差分析发现：不同行业类型高校的本科生在能力认知、行为态度和教学管理维度均具有显著差异，在学习方法维度差异不显著。在能力认知维度，电热气类学生比其他行业学生具有更高的能力感知度。在行为态度和教学管理维度，采矿类行业高校学生对 STEM 教育理念的认可程度和对学校教学管理制度的满意程度均较低，这可能是这类高校本科生在相关行业就业面较窄、近年来就业率有所下降等外界客观因素限制造成的。

(5) 学科类别差异

学科类别对能力认知、行为态度、教学管理 3 个维度均具有显著影响，p 值均小于 0.01。在能力认知维度，理工类和经管类学生在跨学科学习能力、数理基础和解决实际问题能力方面表现出更高的自我认同度，这与理工类专业重视实践操作及经管类专业重视案例分析具有直接关系。在行为态度维度，理工类学生更支持跨学科学习，而文史类学生对跨学科学习的认可度较低，这可能与文史类专业所学内容相对宽泛有关。在教学管理维度，理工类和经管类学生对学校教学管理政策满意度相对较低，希望学校给学生更多的跨学科选课空间、实践操作的平台以及企业实习的机会。

(6) 比赛经历差异

运用独立样本 t 检验的方法对创新实践竞赛经历在影响学生接受 STEM 教育意愿的 4 个维度上是否显著进行测定。创新实践竞赛经历在能力认知和学校教学管理两个维度上存在显著差异，其 p 值均小于 0.01。在能力认知和教学管理两个维度，有创新实践竞赛经历的学生的得分均显著高于无创新实践竞赛经历的学生。这说明学生参加创新实践竞赛可以提升其跨学科学习能力、解决实际问题能力和创新能力，以及他们对学校教学改革政策的认可程度，所以应该鼓励本科生积极参与创新实践竞赛。

(7) 辅修经历差异

有辅修经历的学生在能力认知和行为态度上存在显著差异（p 值均小于 0.01），而在学习方法和教学管理两个维度上无显著差异。在能力认知方面，有辅修经历的学生在跨学科学习能力、数学物理基础知识等方面表现更出色。在行为态度维度，无辅修经历的学生显得更积极，在"应该开设跨学科的课程"等问题上得分更高，说明无辅修经历的本科生希望通过辅修专业增强数学物理基础，从而提升综合技能和科学素养。整体来看，应该为本科生跨学科选课、辅修专业等提供更大的空间和更有力的政策支持。

(8) 国外学习经历差异

国外学习经历在能力认知方面有非常显著的差异，p 值小于 0.001，而在行为态度、学习方法和教学管理等 3 个方面无显著差异，p 值均大于 0.05。在能力认知维度，有国外学习经历的本科生，其能力认知更为积极自信。有国外学习经历的本科生一般视野更开阔，在继续深造和求职就业中也更有优势，因此

"双一流"行业高校应为本科生进行国际交流学习创造更多的机会，促进全球化学习。

（9）毕业去向差异

通过单因素方差分析发现，毕业后首选去向对能力认知、行为态度、学习方法和教学管理4个维度具有显著差异，p值均小于0.05。在能力认知方面，毕业后首选就业创业的本科生得分比继续深造的本科生高。我们认为，毕业后选择继续深造的学生可能认为自身能力积累还不能适应市场需要，希望通过读研或出国等方式进一步提升能力，为今后就业更具竞争力做好充分准备。在行为认知维度，选择继续深造的学生更希望通过开设跨学科的课程、增加实践教学环节等措施提升自己的综合能力和科学素养。在学习方法维度，对未来发展不确定的学生得分均显著偏低，可见，本科生是否有明确的生涯发展规划对其接受STEM教育意向具有较大的影响。在教学管理维度，选择继续深造的学生则更希望学校鼓励跨学科学习和本科生参与科研。

（四）结论

1. 本科生 STEM 学习意愿明显，但不同背景的学生 STEM 学习意愿具有显著差异

调查显示，"双一流"工科行业高校的本科生普遍接受STEM教育，在能力认知、行为态度、学习方法、学校管理4个维度都不同程度地表现出STEM学习意愿。然而，在能力认知维度，一流学科建设高校比一流大学建设高校的本科生能力认知更强；在行为态度维度，男生比女生更愿意接受STEM教育；在学习方法维度，选择就业创业的学生和继续深造的学生对STEM学习方法评分显著高于毕业后去向不明确的学生；在学校教学管理维度，大一、大四学生对STEM教育的教学管理政策满意度相对较高，而大二、大三的学生满意度则相对较低。

2. 多样化的认知经历有助于学生提高 STEM 学习意愿

学生在中学时的创新实践竞赛经历、大学时的辅修经历以及国外学习经历都能有效地促进STEM学习，他们的STEM学习意愿更强，学习方法更加灵活多样，能力认知程度更高，同时能够更敏感地把握和用好学校的教学管理政策。可见，学生丰富的认知学习经历能够使学生主动参与 STEM 学习，可以提高学生的创新能力和解决问题的能力。因此，拥有丰富的认知经历对 STEM 学习至关重要。然而，通过访谈我们了解到，现在绝大多数学生课业压力过大，学生即使有强烈的 STEM 学习意愿，也往往迫于时间限制，不得不放弃许多学习实践的机会。

3. 学校缺乏开展 STEM 教育的有效机制

虽然部分工科行业高校已开始探索 STEM 教育所倡导的跨学科学习，但目前还没有制定打破学科壁垒、鼓励不同学科学生共同学习的相应政策。学校层面缺少跨院系、跨学科、跨专业交叉培养人才的新机制，没有专门的跨学科组织，更多的是把学生的创新实践教育等放到学生的第二课堂，这不利于 STEM 教育的开展。

二、高水平工科行业特色高校教师开展 STEM 教育意愿影响因素

教师作为 STEM 教育中的另一重要主体，其开展 STEM 教育意愿，将影响 STEM 教育开展效果的优劣。目前，国内关于教师开展 STEM 教育的研究主要采用结构主义或经验主义的研究范式，对教师为什么应该开展 STEM 教育、哪些因素制约了 STEM 教育的开展，以及如何提升教师开展 STEM 教育的能力等问题进行了理论探讨或经验阐释，实证性研究成果相对较少。本节探讨高水平行业特色高校教师会在多大程度上认可 STEM 教育理念，哪些因素对教师开展 STEM 教育具有显著影响。

（一）研究设计

本节设计了"高水平行业特色高校教师开展 STEM 教育意愿影响因素调查问卷"，通过问卷调查和统计分析的方式，为建构更为合理的 STEM 教育管理制度提供有效的实证依据。问卷主要包括两个部分：第一部分运用德尔菲法选择了 9 项教师的个人背景信息，包括性别、学历、职称、院校类型、学科类型、行业类型、是否有行政兼职、是否有留学经历以及是否有企业工作经历等。假设这些基本信息会对教师开展 STEM 教育意愿产生影响，其中行业类型的划分是根据行业高校的主管部门及优势学科按照《国民经济行业分类

（GB/T4754—2017）》进行的。

第二部分根据泰勒的教学 4 个环节而设计。泰勒认为教学设计至少应涉及 4 个环节：教学目标、教学内容、教学组织、教学评价。教学目标是对教学活动预期效果的一种设定，清晰的教学目标是教学活动顺利开展的前提；教学内容一般可以理解为希望学生学习、内化的知识总和，教师需要选择哪些知识作为教学内容可以更好地达到教学目标；教学组织主要是指教学活动中教师与学生在教学内容运用过程中时间与空间上的互动组合关系；教学评价可以简单理解为对教学过程中各个环节以及实际效果进行评析。[①]

此外，因为 STEM 教育理念作为一种新兴的教育理念，需要教师对各学科知识内容有更高的驾驭能力，教师自身能力素质的高低对开展 STEM 教育的意愿具有直接影响，所以教师是否参加过 STEM 教育相关会议或者培训等教师发展因素也会对其开展 STEM 教育的意愿产生影响。同样，高校教学管理等外界因素对教师实施 STEM 教育是否有激励政策同样会对教师开展 STEM 教育意愿产生重要影响。因此，"高水平行业特色高校教师开展 STEM 教育意愿影响因素调查问卷"主要从教学目标、教学内容、教学组织、教学评价、教师发展和教学管理 6 个方面测量高水平行业特色高校教师开展 STEM 教育的意愿。

（二）数据来源与描述性统计

1. 数据来源

我们向 24 所高水平行业高校的教师发放问卷 1150 份，收回有效问卷 968 份，有效问卷率为 84.2%。先按照职称将教师分为 4 类进行分层抽样，然后在不同职称中按照简单随机抽样的方法抽取样本。

2. 描述性统计

样本基本特征如表 3-5 所示：样本中，男教师占比超过 60%，比较符合行业高校教师的性别构成比例；在学历方面，拥有博士学位的教师占 77.1%；在职称方面，助教占 4.1%、讲师占 39.7%、副教授占 38.7%、教授占 17.5%，讲师和副教授占比之和超过 75%，基本符合高水平行业特色高校的教师梯队特

[①] 泰勒. 课程与教学的基本原理：英汉对照版. 罗康，张阅译. 北京：中国轻工业出版社，2008.

征；其中"一流大学建设高校"有 126 个样本，占 13.0%，一流学科建设高校有 842 个样本，占 87.0%。样本在各个教龄段分布也较为均衡；样本中理工类教师占近 85%；行业类型涉及 6 个行业，以电热燃气类和制造类居多；样本中有行政兼职的教师占比 15.8%；有留学经历的教师占比 41.8%；有企业工作经历的教师占比 23.1%。整体来看，样本代表性良好。

表 3-5 样本基本特征描述性统计结果

变量		样本数/个	百分比/%
性别	男	584	60.3
	女	384	39.7
学历	本科	30	3.1
	硕士	192	19.8
	博士	746	77.1
职称	助教	40	4.1
	讲师	384	39.7
	副教授	375	38.7
	教授	169	17.5
院校类型	一流大学建设高校	126	13.0
	一流学科建设高校	842	87.0
学科大类	理工	822	84.9
	文史	66	6.8
	经管	67	6.9
	其他	13	1.4
行业类型	采矿类	29	3.0
	制造类	225	23.2
	电力、热力、燃气及水生产和供应类	442	45.7
	建筑类	30	3.1
	交通运输、仓储和邮政类	46	4.8
	信息技术、软件和信息技术服务类	196	20.2
行政兼职	是	153	15.8
	否	815	84.2
留学经历	是	405	41.8
	否	563	58.2
企业工作经历	是	224	23.1
	否	744	76.9

问卷第二部分各变量采用利克特 5 级量表法赋分，包括 6 个自变量：$X1$ 教学目标、$X2$ 教学内容、$X3$ 教学组织、$X4$ 教学评价、$X5$ 教师发展和 $X6$ 教学管理，以及 1 个因变量 Y 教师开展 STEM 教育的意愿，描述统计见表 3-6。在"我愿意开展 STEM 教育"的因变量题项中，79.6%的教师选择了"完全符合"和"基本符合"，平均分为 4.08，说明高水平行业特色高校教师对 STEM 教育在理念上认可程度较高。自变量中，$X1$ 教学目标、$X2$ 教学内容、$X3$ 教学组织、$X4$ 教学评价 4 个维度得分较高，平均分在 4.0 左右。$X5$ 教师发展和 $X6$ 教学管理维度得分相对较低，平均分明显低于 4.0，其中 $X5$ 教师发展维度的各个变量得分的均值均小于等于 3.40，明显低于其他 5 个维度自变量的得分，说明高水平行业特色高校教师在接受 STEM 教育相关培训、与行业企业合作和到相关行业企业实践等机会可能相对缺乏；$X6$ 教学管理维度平均分较低，说明教师对高校支持教师工程化、进行教学改革的支持政策满意度还比较低。

表 3-6　各变量原始题项及描述性统计结果

		变量	均值	标准差
因变量	Y STEM 教育意向	Y 我愿意开展 STEM 教育	4.08	0.856
自变量	$X1$ 教学目标	$X1.1$ 我认为本科阶段应培养学生解决实际问题、创新和跨界整合能力	4.27	0.722
		$X1.2$ 我对本专业学生的培养目标非常清晰	4.22	0.753
		$X1.3$ 我所教授的课程都有清晰的教学目标	4.44	0.738
	$X2$ 教学内容	$X2.1$ 我认为应该为本科生开设跨学科课程	4.20	0.852
		$X2.2$ 我认为应增加实践教学比重	4.30	0.835
		$X2.3$ 我在教学过程中会引入多学科的知识进行讲解	4.24	0.818
		$X2.4$ 我经常把自己的科研成果转化为教学内容	3.96	0.917
	$X3$ 教学组织	$X3.1$ 我认为有必要在本科教学中推广 STEM 教育	4.01	0.829
		$X3.2$ 我认为应采用以学生为中心的研究性教学	4.00	0.894
		$X3.3$ 我认为学生跨专业合作学习效果更好	3.88	0.892
		$X3.4$ 我认为教学和科研融合是人才培养的重要方式	4.25	0.781
	$X4$ 教学评价	$X4.1$ 我认为应该采取以考察能力为主的评价方式	4.21	0.856
		$X4.2$ 我采用过程评价和结果评价相结合考核方式	4.18	0.857
		$X4.3$ 我采用如报告、作品、程序等多样化考核方式	3.83	1.064
	$X5$ 教师发展	$X5.1$ 我曾经参加过 STEM 相关会议或培训	2.45	1.336
		$X5.2$ 我曾经多次到相关行业企业实践	3.21	1.348
		$X5.3$ 我与行业企业有密切的合作关系	3.40	1.294

续表

	变量		均值	标准差
自变量	X6 教学管理	X6.1 学校有支持教师开展教学改革完善的激励政策	3.70	1.069
		X6.2 学校为加强实践教学提供了保障和支持政策	3.71	1.033
		X6.3 学校鼓励本科生参与跨学科的学习	3.72	1.013
		X6.4 学校对各类创新实践竞赛指导教师有激励政策	3.84	0.969
		X6.5 学校为本科生去行业企业实习提供机会	3.77	0.966
		X6.6 学校积极开展校企合作协同育人	3.86	0.951
		X6.7 学校积极为教师工程化提供机会	3.65	1.022

（三）高校教师开展 STEM 教育意愿影响因素的数据分析

1. 信度效度分析

本部分采用克隆巴赫 α 系数进行信度检验发现，α 系数为 0.923，说明问卷具有非常好的信度。对问卷数据进行 KMO 检验和 Bartlett 球形检验，KMO 值为 0.931，近似方差达 13281.444（表 3-7），数据适合做因子分析。运用主成分分析法提取特征值大于 1 的 5 个因子，各因素项目负荷值为 0.587—0.869，累计方差贡献率达 66.493%，问卷结构效度良好。总方差解释见表 3-8。

表 3-7 KMO 和 Bartlett 的检验

检验		数值
取样足够度的 Kaiser-Meyer-Olkin 度量		0.931
Bartlett 球形度检验	近似 χ^2	13281.444
	df	276
	p	0.000

表 3-8 总方差解释

成分	初始特征值			提取平方和载入			旋转平方和载入		
	合计	方差百分比/%	累计百分比/%	合计	方差百分比/%	累计百分比/%	合计	方差百分比/%	累计百分比/%
1	9.267	38.614	38.614	9.267	38.614	38.614	4.982	20.760	20.760
2	2.848	11.867	50.481	2.848	11.867	50.481	4.595	19.145	39.905
3	1.590	6.623	57.104	1.590	6.623	57.104	2.260	9.418	49.323
4	1.295	5.396	62.500	1.295	5.396	62.500	2.257	9.406	58.729
5	0.958	3.993	66.493	0.958	3.993	66.493	1.863	7.764	66.493

2. 因子分析

将降维之后得到的 5 个维度分别命名为教学目标、教学方法、教学评价、教师发展和教学管理，如表 3-9 所示。其中教学目标维度包括 3 个因子，主要明确教师对本科生能力培养的定位、教学目标是否清晰等；教学方法维度共有 8 个因子，主要反映教师在教学过程中是否重视实践教学、科教融合、开展以学生为中心的研究性教学等；教学评价维度包括 3 个因子，主要体现教师是采用单一的闭卷考核方式，还是采用如报告、模型、程序等多样化的以考查学生能力为主的评价方式；教师发展维度包括 3 个因子，主要反映高水平行业特色高校教师参加 STEM 教育相关培训、到相关行业企业实践、与行业企业合作的情况；教学管理维度包括 7 个因子，主要体现高水平行业特色高校对教师开展教学改革、增强实践教学环节、开展校企合作协同育人、支持教师工程化的情况。

表 3-9　旋转后的因子载荷矩阵

	变量名称	教学管理	教学方法	教师发展	教学目标	教学评价
$X1.1$	应培养学生解决问题、创新、整合能力	0.083	0.333	0.043	0.587	0.165
$X1.2$	对本专业学生的培养目标非常了解	0.152	0.235	0.098	0.807	0.105
$X1.3$	所教授的课程都有清晰的教学目标	0.113	0.234	−0.016	0.847	0.103
$X2.1$	应该为本科生开设跨学科课程	0.144	0.657	−0.004	0.248	0.217
$X2.2$	应强化实践教学环节，增加相应比重	0.240	0.638	0.045	0.283	0.115
$X2.3$	在教学过程中对多学科的知识进行讲解	0.144	0.722	0.145	0.253	0.036
$X2.4$	把自己的科研成果转化为教学内容	0.144	0.600	0.245	0.216	0.065
$X3.1$	有必要在本科教学中推广 STEM 教育	0.154	0.674	0.150	0.151	0.213
$X3.2$	应采用以学生为中心的研究性教学	0.237	0.699	0.021	0.063	0.169
$X3.3$	学生跨专业合作学习效果更好	0.217	0.743	0.063	−0.063	0.235
$X3.4$	教学科研有效融合是人才培养的重要方式	0.244	0.710	−0.016	0.213	0.172
$X4.1$	应采用以考核能力为主的评价方式	0.183	0.450	−0.039	0.222	0.599
$X4.2$	考核方式为过程性和结果性评价相结合	0.186	0.277	0.050	0.230	0.761
$X4.3$	采用报告、作品、程序等考核方式	0.206	0.302	0.199	0.042	0.742
$X5.1$	曾经参加过 STEM 相关会议或培训	0.242	0.107	0.701	−0.125	0.035
$X5.2$	多次到相关行业企业实践	0.205	0.105	0.869	0.106	0.094
$X5.3$	与行业企业有密切的合作关系	0.223	0.079	0.835	0.140	0.053
$X6.1$	学校支持教师开展教学改革	0.754	0.191	0.132	0.091	0.053
$X6.2$	学校为实践教学提供政策支持与保障	0.824	0.158	0.154	0.107	0.102
$X6.3$	学校鼓励本科生参与跨学科的学习	0.775	0.201	0.172	0.022	0.101
$X6.4$	学校给予创新竞赛指导教师政策激励	0.791	0.209	0.085	0.122	0.075

续表

变量名称		因子				
		教学管理	教学方法	教师发展	教学目标	教学评价
X6.5	学习为本科生提供去企业实习机会	0.803	0.207	0.141	0.062	0.136
X6.6	学校积极开展校企合作协同育人	0.778	0.194	0.151	0.144	0.168
X6.7	学校积极为教师工程化提供机会	0.805	0.178	0.176	0.059	0.119

3. 相关分析

采用 Pearson 相关系数来测量教学目标、教学方法、教学评价、教师发展和教学管理 5 个因子与教师开展 STEM 教育意愿之间的关系程度。表 3-10 显示，教学目标、教学方法、教学评价、教师发展和教学管理均与教师开展 STEM 教育意愿显著相关，且均存在正相关关系。5 个因子按照与学生接受 STEM 教育意愿的相关性强弱顺序依次为教学方法、教学评价、教学目标、教学管理和教师发展。

表 3-10 变量的相关性检验

比较项		教学目标	教学方法	教学评价	教师发展	教学管理	开展STEM教育意愿
教学目标	Pearson 相关性	1	0.557	0.452	0.278	0.324	0.471
	p（双侧）		0.000	0.000	0.000	0.000	0.000
教学方法	Pearson 相关性	0.557	1	0.657	0.297	0.516	0.636
	p（双侧）	0.000		0.000	0.000	0.000	0.000
教学评价	Pearson 相关性	0.452	0.657	1	0.263	0.457	0.478
	p（双侧）	0.000	0.000		0.000	0.000	0.000
教师发展	Pearson 相关性	0.278	0.297	0.263	1	0.449	0.253
	p（双侧）	0.000	0.000	0.000		0.000	0.000
教学管理	Pearson 相关性	0.324	0.516	0.457	0.449	1	0.358
	p（双侧）	0.000	0.000	0.000	0.000		0.000
开展STEM教育意愿	Pearson 相关性	0.471	0.636	0.478	0.253	0.358	1
	p（双侧）	0.000	0.000	0.000	0.000	0.000	

4. 影响因素分析

在 968 名教师中，"我愿意开展 STEM 教育"题项选择"完全符合"和"基本符合"的人数分别为 441 名和 330 名，占比之和为 79.6%，说明高水平行业特色高校教师对于 STEM 教育在理念上的认可程度整体还是较高的。那么教师的性别、学历、职称、学科类型等个人背景因素会对教师开展 STEM 教育的意愿产生哪些影响？

（1）性别因素

性别对教师开展 STEM 教育的意愿是否有显著影响，本节运用 t 检验的方法进行验证。根据表 3-11 所示，男教师与女教师在教师发展和教学管理两个维度上，p 值小于 0.01，存在显著差异。在教师发展维度上，男教师在接受 STEM 教育相关培训、到行业企业实践机会显著高于女教师，这可能是因为高水平行业特色高校男教师更愿意解决行业企业中出现的实际问题，在产学研各环节中拥有更多资源，而女教师对知识的转化生产兴趣较低。在教学管理维度上，与女教师相比，男教师对学校的教学管理政策满意度相对较低，说明男教师更希望学校出台更多支持教师教学改革、支持教师工程化的激励政策。

表 3-11　性别对教师开展 STEM 教育意愿影响因素检验

比较项		方差方程的 Levene 检验		均值方程的 t 检验		
		F	p	t	df	p（双侧）
教学目标	假设方差相等	0.274	0.601	1.032	966	0.302
	假设方差不相等			1.055	876.246	0.292
教学方法	假设方差相等	6.713	0.010	−1.628	966	0.104
	假设方差不相等			−1.701	926.501	0.089
教学评价	假设方差相等	1.785	0.182	−0.714	966	0.476
	假设方差不相等			−0.728	873.879	0.467
教师发展	假设方差相等	7.347	0.007	6.248	966	0.000
	假设方差不相等			6.137	768.696	0.000
教学管理	假设方差相等	1.858	0.173	−1.979	966	0.048
	假设方差不相等			−2.013	865.369	0.044

（2）学历因素

本节通过单因素方差分析来验证学历对教师在开展 STEM 教育的 5 个维度上是否存在影响。如表 3-12 所示，不同学历只有教师发展维度存在显著差异，其 p 值小于 0.01。之后运用 Bonferroni 法进行两两事后检测发现：在教师发展维度上，取得博士学位的教师在接受 STEM 教育相关培训、到行业企业实践机会的得分显著高于仅获得硕士学位的教师。我们认为这主要是因为获得博士学位的教师接受过更为严格的科研训练，在解决行业企业实际问题和了解教学改革前沿信息等方面比仅获得硕士学位的教师能力更强。

表 3-12　学历对教师开展 STEM 教育意愿影响因素 ANOVA 分析

因子	学历	F	p	事后检测
教学目标	本科 硕士 博士	0.932	0.394	
教学方法	本科 硕士 博士	0.282	0.754	
教学评价	本科 硕士 博士	0.648	0.523	
教师发展	本科 硕士 博士	6.133	0.002	博士>硕士
教学管理	本科 硕士 博士	0.234	0.791	

（3）职称因素

职称对教学目标、教学方法、教师发展和教学管理 4 个维度具有显著影响，p 值均小于 0.05，而在教学评价上并无显著差异（表 3-13）。通过事后检验分析发现：在教学目标维度上，教授和副教授对本专业本科生的培养目标和所授课程的教学目标有更为深刻、清晰的认识，这与教授、副教授长期以来培养的毕业生数量更多和教学经验积累更为丰富是分不开的。在教师发展维度，参加 STEM 教育相关培训、企业实践合作的机会从教授到副教授再到讲师依次递减，应该增加讲师到企业中实践锻炼的机会，减少从书本到书本的研究，提升青年教师解决实际问题的能力。在教学管理维度上，教授对学校支持教学改革、增强教学实践环节、开展校企协同育人的支持政策满意度低于助教，教授普遍希望高校在上述方面制定更为积极和完善的保障政策。

表 3-13　职称对教师开展 STEM 教育意愿影响因素 ANOVA 分析

因子	职称	F	p	事后检测
教学目标	助教 讲师 副教授 教授	7.796	0.000	副教授>助教 副教授>讲师 教授>助教 教授>讲师
教学方法	助教 讲师	4.608	0.003	助教>教授 讲师>教授 副教授>教授

续表

因子	职称	F	p	事后检测
教学方法	副教授 教授			
教学评价	助教 讲师 副教授 教授	1.995	0.113	
教师发展	助教 讲师 副教授 教授	20.341	0.000	教授>副教授>讲师
教学管理	助教 讲师 副教授 教授	3.021	0.029	助教>教授

（4）院校类型因素

本节将高水平行业特色高校分为一流大学建设高校和一流学科建设高校两类，进行独立样本 t 检验，结果如表 3-14 所示。一流大学建设高校与一流学科建设高校的行业高校教师在教学评价和教师发展两个维度上 p 值小于 0.01，存在显著差异，而在教学目标、教学方法和教学管理三个维度上无显著差异。进一步研究发现，一流大学建设高校教师在教学评价和教师发展两个维度的得分均高于一流学科建设高校教师，这可能是因为一流大学建设高校教师更注重考查本科生的能力，倾向于选择采用报告、模型和程序等多样化的考核方式来评价学生，促使学生成为复合型人才。一流大学建设高校教师可能通过申报横向课题等方式，在行业企业中拥有更多实践合作的机会，所以教师发展得分相对较高。

表 3-14　院校类型对教师开展 STEM 教育意愿影响因素检验

比较项		方差方程的 Levene 检验		均值方程的 t 检验		
		F	p	t	df	p（双侧）
教学目标	假设方差相等	1.476	0.225	−0.626	966	0.531
	假设方差不相等			−0.568	155.068	0.571
教学方法	假设方差相等	0.004	0.950	−0.457	966	0.648
	假设方差不相等			−0.473	168.643	0.637

续表

比较项		方差方程的 Levene 检验		均值方程的 t 检验		
		F	p	t	df	p（双侧）
教学评价	假设方差相等	3.199	0.074	2.643	966	0.008
	假设方差不相等			2.929	178.257	0.004
教师发展	假设方差相等	10.116	0.002	2.655	966	0.008
	假设方差不相等			3.107	187.446	0.002
教学管理	假设方差相等	3.411	0.065	2.567	966	0.010
	假设方差不相等			2.768	174.232	0.006

（5）学科类型因素

学科类型对教师开展 STEM 教育意愿各个维度的影响不是特别显著，仅在教学目标维度上的影响是显著的，其 p 值小于 0.05。通过事后检验发现，高水平行业特色高校的理工类教师比文史类教师对教学目标的认知更为明确，希望本科生具有更强的解决实际问题能力、创新能力和跨界整合能力（表 3-15）。这可能与理工类学科知识对实践能力要求高、产出结果具有可验证性、实现市场价值或者社会价值更为明显具有重要关系。

表 3-15　学科类型对教师开展 STEM 教育意愿影响因素 ANOVA 分析

因子	学科类型	F	p	事后检测
教学目标	理工 文史 经管 其他	3.236	0.022	理工类>文史类
教学方法	理工 文史 经管 其他	2.436	0.063	
教学评价	理工 文史 经管 其他	2.524	0.056	
教师发展	理工 文史 经管 其他	2.096	0.099	
教学管理	理工 文史 经管 其他	0.800	0.494	

（6）行业类型因素

市场经济中各行各业特色鲜明，因此依托相关行业发展起来的行业高校也会打上各个行业的烙印，同样行业高校教师教学也各具特点。通过单因素方差分析发现：不同行业类型的高水平行业特色高校教师在开展 STEM 教育意愿的 5 个维度上均具有显著差异，其 p 值均小于 0.05（表 3-16）。事后检验发现：电热气类和建筑类行业高校教师比信息类行业高校教师具有更为明确的教学目标，这可能因为电热气类和建筑类行业发展相对稳定，对所需知识的变化要求相对较低，而信息类行业在互联网经济时代，对所需知识更新换代的要求较高，所以信息类高水平行业特色高校教师对教学目标的把握难度较大。在教学方法、教学评价和教学管理 3 个维度上，电热气类行业高校教师得分均较低。我们认为这主要是因为我国电热气行业为少数市场主体所控制，这些主体具有绝对话语权，竞争压力较小，对所需知识更新迭代的要求较低，因此电热气类高水平行业特色高校教师压力较小、危机感较弱，不需要在教学方法、评价和管理等方面做出过多改变，其培养的学生同样可以具有较高的就业率。

表 3-16　行业类型对教师开展 STEM 教育意愿影响因素 ANOVA 分析

因子	行业类型	F	p	事后检测
教学目标	采矿类 制造类 电热气类 建筑类 交通运输类 信息类	5.163	0.000	电热气类>信息类 建筑类>信息类
教学方法	采矿类 制造类 电热气类 建筑类 交通运输类 信息类	2.623	0.023	制造类>电热气类
教学评价	采矿类 制造类 电热气类 建筑类 交通运输类	6.950	0.000	制造类>电热气类 交通运输类>电热气类 信息类>电热气类

续表

因子	行业类型	F	p	事后检测
教学评价	信息类			
教师发展	采矿类 制造类 电热气类 建筑类 交通运输类 信息类	7.438	0.000	制造类>信息类 电热气类>信息类 交通运输类>信息类
教学管理	采矿类 制造类 电热气类 建筑类 交通运输类 信息类	5.028	0.000	制造类>电热气类 信息类>电热气类

（7）行政兼职因素

通过独立样本 t 检验的方法检测行政兼职对高水平行业特色高校教师开展 STEM 教育的意愿是否存在显著影响。根据表 3-17 可以发现，行政兼职只在教学目标维度具有显著影响。通过事后检验发现，有行政兼职的教师对 STEM 教育理念倡导的培养学生解决实际问题能力、创新能力和跨界整合能力等认可程度反而较低，这反映了 STEM 教育理念的推广道阻且长。

表 3-17 行政兼职对教师开展 STEM 教育意愿影响因素检验

比较项		方差方程的 Levene 检验		均值方程的 t 检验		
		F	p	t	df	p（双侧）
教学目标	假设方差相等	9.284	0.002	−3.218	966	0.001
	假设方差不相等			−2.822	192.680	0.005
教学方法	假设方差相等	4.501	0.034	2.109	966	0.035
	假设方差不相等			1.838	191.918	0.068
教学评价	假设方差相等	6.856	0.009	0.219	966	0.827
	假设方差不相等			0.199	197.546	0.843
教师发展	假设方差相等	0.798	0.372	1.718	966	0.086
	假设方差不相等			1.742	215.647	0.083
教学管理	假设方差相等	2.443	0.118	1.468	966	0.143
	假设方差不相等			1.347	198.822	0.180

(8) 留学经历因素

通过 t 检验发现,留学经历对教师开展 STEM 教育意愿 5 个维度均不具有显著影响,其 p 值均大于 0.05。通过我们对有留学经历的教师访谈发现,这类教师普遍表示即使他们有认为比较先进的教学理念也很难实施,因为我们国家对每一个专业的主要课程都有规定,而且对课程的课时以及教学方式都有较为明确的规定,留给他们发挥的空间十分有限,基本和没有留学经历的教师采用相同的授课方式,所以留学经历因素在测量 STEM 教育意愿的 5 个维度上均不显著(表 3-18)。

表 3-18　留学经历对教师开展 STEM 教育意愿影响因素检验

比较项		方差方程的 Levene 检验		均值方程的 t 检验		
		F	p	t	df	p(双侧)
教学目标	假设方差相等	0.685	0.408	1.793	966	0.073
	假设方差不相等			1.808	894.644	0.071
教学方法	假设方差相等	1.452	0.228	−0.066	966	0.947
	假设方差不相等			−0.067	901.484	0.947
教学评价	假设方差相等	3.367	0.067	1.599	966	0.110
	假设方差不相等			1.625	916.516	0.104
教师发展	假设方差相等	0.651	0.420	−0.329	966	0.742
	假设方差不相等			−0.331	894.670	0.740
教学管理	假设方差相等	9.363	0.002	1.007	966	0.314
	假设方差不相等			1.032	936.983	0.302

(9) 企业工作经历因素

企业工作经历在影响教师开展 STEM 教育意愿 5 个维度上是否存在显著差异的检验如表 3-19 所示。企业工作经历只在教师发展维度有非常显著的差异。在教师发展维度上,有企业工作经历的教师在接受 STEM 教育相关培训、到行业企业实践机会显著高于没有企业工作经历的教师,这可能是因为高水平行业特色高校有企业工作经历的教师解决实际问题的能力更强,申请横向课题或者到企业中实践的资源平台较多,应通过鼓励教师积极参与企业实践,强化其解决实际问题的意识和能力。

表 3-19　企业工作经历对教师开展 STEM 教育意愿影响因素检验

比较项		方差方程的 Levene 检验		均值方程的 t 检验		
		F	p	t	df	p（双侧）
教学目标	假设方差相等	0.527	0.468	−0.058	966	0.954
	假设方差不相等			−0.054	333.879	0.957
教学方法	假设方差相等	2.643	0.104	−0.737	966	0.461
	假设方差不相等			−0.692	336.552	0.489
教学评价	假设方差相等	1.012	0.315	0.210	966	0.834
	假设方差不相等			0.203	349.182	0.840
教师发展	假设方差相等	10.074	0.002	6.903	966	0.000
	假设方差不相等			7.486	420.891	0.000
教学管理	假设方差相等	1.109	0.293	−0.393	966	0.695
	假设方差不相等			−0.382	352.104	0.703

（四）结论

1. 高水平行业特色高校教师对 STEM 教育理念认可程度普遍较高，但改革实践动力不足

在"我愿意开展 STEM 教育"的题项中，74.2%的教师认为"完全符合"和"基本符合"，该题项的得分均值为 4.08。总体来看，高水平行业特色高校中跨学科和科教融合的人才培养方式已得到大多数教师的认同，他们也有意识地将跨学科、科研与教学结合在一起。但从结果显示，还存在一定的局限性：一是目前学校缺乏跨院系、跨学科专业培养人才的长效机制，而且 STEM 课程尚未被纳入课程体系之中，导致跨学科理念在课堂教学中并未得到充分体现；二是教师普遍认为将科研水平转化为教学水平存在一定的难度，这一难度不仅与教师自身科研水平高低和科研成果丰硕与否有关，更与学校政策激励和教学保障息息相关。

2. 教师的教学目标、教学方法、教学评价、教师发展和教学管理均与教师开展 STEM 教育意愿显著相关

从教学目标维度看，教师的职称、学科类型、行业类型和行政兼职 4 个因素对教学目标的设定具有显著影响。具体而言，相较于讲师、助教，拥有教授或副教授职称的教师对本专业本科生的培养目标和所授课程的教学目标有着更为深刻、清晰的认识。理工类教师比文史类教师对教学目标的认知程度更为明确，他们更希望培养本科生的跨界整合能力、解决实际问题能力和创新能力等。相比之下，信息类行业高校的教师对教学目标的把握稍显不足，得分相对较低。此外，有行政兼职的教师对 STEM 教育所倡导的培养学生解决实际问题能力、创新能力和跨界整合能力的教学目标认可度也相对较低。

从教学方法维度看，教师的职称和行业类型两个因素对他们的教学方法具有显著影响。教授在教学方法维度得分较低，这或许因为拥有教授职称的教师缺乏改进教学方法的动力。而制造类行业高校教师在教学方法上更愿意采用多学科知识讲解和科教融合的方式。

从教学评价维度看，教师所在的院校类型和行业类型这两个因素存在显著差异。一流大学建设高校的教师比一流学科建设高校教师更注重考查学生的综合能力，倾向于采用多样化的考核方式，以鼓励学生成为复合型人才。而电热气类行业高校的教师采用的教学评价标准最为单一。

从教师发展维度看，教师的性别、学历、职称、院校类型、行业类型、企业工作经历等因素对教师成长发展存在显著差异。男教师在教师发展维度上的得分普遍高于女教师。拥有博士学位的教师比拥有硕士学位的教师，有更多到行业企业实践以及参加相关培训的机会。不同职称和不同行业类型的教师，其发展水平存在显著差异。一流大学建设高校教师比一流学科建设高校教师，到行业企业实践的机会更多，与行业企业联系更为紧密。有企业工作经历的教师解决实际问题的能力更强。

从教学管理维度看，教师的性别、职称、行业类型等因素对学校的教学管理政策存在显著差异。女教师对学校的教学管理政策满意度普遍高于男教师。而教授对学校教学改革、开展校企协同育人等方面的教学管理政策满意度较低。电热气类行业高校教师对学校支持教学改革、保障实践教学、开展校企协同育人等方面的政策满意度也较低。

第四章　获得公平且高质量的学习体验：美国 STEM 教育创新趋势

　　面对世界百年未有之大变局，习近平在 2023 年 5 月 29 日中共中央政治局第五次集体学习时强调，"加快建设教育强国，为中华民族伟大复兴提供有力支撑"①。高等教育在建设教育强国中占据重要地位。而建设高等教育强国的关键一环是全面提高人才自主培养质量，造就拔尖创新人才；加强有组织科研，实现高水平科技自立自强。STEM 教育经过不断发展，被认为是培养科技创新人才、提升公民科学素养、保持国家竞争力的有效路径。大力推进 STEM 教育，不仅能够有效回应激烈的国际竞争对卓越人才培养的强烈诉求，而且是建设教育强国、实现中华民族伟大复兴的战略举措。然而，目前 STEM 教育在中国的实践中呈现"散、乱、小"的特点，主要停留在一线城市的重点中小学自发探索阶段。当前一个突出的问题是，STEM 教育成为少数重点中小学打造"精英教育"的噱头，这严重背离了促进教育公平的政策目标。党的十九大报告明确提出要办"公平而有质量的教育"，这是坚持教育人民性的必然要求。党的二十大报告强调"办好人民满意的教育"。因此，我们的教育改革与发展必须遵照以人民为中心的总体要求，把办好人民满意的教育作为出发点和落脚点。人民满意的教育是公平且有质量的教育，当务之急是要切实解决好教育面临的发展不平衡、不充分的各种问题。本章旨在探讨美国 STEM 教育的改革创新趋势，以期为中国 STEM 教育发展提供借鉴和启示。

---

　　①　习近平主持中央政治局第五次集体学习并发表重要讲话[EB/OL]. https://www.gov.cn/yaowen/liebiao/202305/content_6883632.htm.（2023-05-29）[2024-02-16].

一、美国 STEM 教育创新的使命与愿景

（一）STEM 教育通识化

作为一种新的教育理念，STEM 教育的核心观点是学科交叉融合。根据课程所依托主干学科的不同，课程可以分为单一学科课程和跨学科课程。根据课程融合程度的不同，Klein 将跨学科课程分为多学科（multidisciplinarity）课程、交叉学科（interdisciplinarity）课程和超学科（transdisciplinarity）课程。其中，多学科课程是指将不同的学科课程并列，学科之间相互独立，且仍保持各自的学科范式。交叉学科课程是指原有的学科目标明确地进行融合，完成学科重构，课程知识对一个横断面上的问题进行整体概括和解释。超学科课程是指超越了传统学科狭隘的视角，形成了一个新的整体，以建构一个普遍共同知识系统。[1]Klein 的这一分类揭示了美国 STEM 教育的三重境界：第一重境界是多学科课程，即将 STEM 教育理解为四个独立学科组合拼装在一起，这只是一种形式上的整合，没有实质上的融合。目前美国多数 STEM 教育停留在这个层面。第二重境界是交叉学科课程，这是一种更高的境界，它强调 STEM 课程应以解决某些复杂问题为核心，着力培养学生的创新实践能力，将传统学科进行整合、重构，对某个问题形成更为全面的一般性观点。第三重境界是超学科课程，这是 STEM 教育竭力追求的最高目标。超学科课程强调超越科学、技术、工程、数学等具体的学科视角，在批判反思的基础上获得一种超学科文化，建构起一个普遍共同的 STEM 知识体系。

STEM 教育由多学科走向超学科预示着其由专业教育向通识教育的转型。多学科课程只是以传统学科为基础跨学科选修，这些课程按照"顺序模式"或"协作模式"组合在一起，彼此之间缺乏整合和互动，其底色还是专业教育。超学科课程主张将学科知识建构为一种通识的知识体系，形成新的整体，这是一种真正的通识教育。作为一种人人应该接受的教育，通识教育旨在培养出知识全面、视野广阔、德才兼备的完人。这样的人应该具备三种核心素养：科学精神、工程思维、人文情怀。第一，科学精神是求真务实、勇于探索、开拓创新的理性精神。美国 STEM 教育重视引导学生在实践探索中掌握科学知识和科

---

[1] Klein J T. Typologies of interdisciplinarity: The boundary work of definition[M]//Froderman R. The Oxford Handbook of Interdisciplinarity. Oxford：Oxford University Press，2017：21-34.

学方法，培养批判性思维和创造性思维，形成良好的科学素养。第二，工程思维指以综合为主的思维方式和解决实际工程问题的能力，具有实践性、综合性和创造性的特点。美国 STEM 教育强调用多学科的知识和思维方式解决复杂问题。第三，人文情怀是指关注人的生存与发展，拥有人文积淀和审美情趣。美国 STEM 教育在发展的过程中逐步融入了艺术的成分升级为 STEAM。①这三种核心素养是信息化时代全球人才培养的共同目标。美国 STEM 教育强调，通过在真实情境下的项目学习，使学生运用跨学科知识解决复杂问题，从而提高学生的实践能力、创新能力和跨界整合能力，进而有效提升学生的核心素养。

美国的 STEM 教育以前被认为是学科教育、专业教育，随着 STEM 教育在培养学生科学精神、工程思维、人文情怀方面显示的成效，STEM 教育通识化已在美国逐步成为一种共识。STEM 教育应当成为人人可学、人人都接受的教育，它是一场全民终身学习活动。②2016 年联合国教科文组织发布的《变革我们的世界：2030 年可持续发展议程》报告中提出，"确保全纳、公平、有质量的教育，增进全民终身学习的机会"③。据此，美国将 STEM 教育的战略目标调整为"公平获得高质量的学习体验"，强调通过全社会力量的参与，使每个公民通过 STEM 实践活动具有 STEM 素养，能够运用科技知识和技能提高生活质量，并适应社会的快速变化和发展。

（二）提供公平的 STEM 教育

美国 STEM 教育的首要目标是教育公平。教育公平一直是美国 STEM 教育政策的重要内容，在各项法案和报告中均有所体现。比如，为解决性别和种族不平衡等教育公平问题，《美国竞争法》明确提出，使 STEM 教育服务弱势群体，以提高少数族群、妇女等群体在 STEM 领域的参与度等。④2016 年，美国教育部发布《STEM 2026：STEM 教育创新愿景》，将"促进公平的 STEM

---

① 王永倩. STEAM 教育中 A 的七种含义，这位美国艺术教育博士一次性说透了[EB/OL]. https://www.sohu.com/a/212652365_691021.（2017-12-25）[2024-02-12].
② 中国教育科学研究院 STEM 教育研究中心. 中国 STEM 教育白皮书[R]. 北京：中国教育科学研究院，2017：31.
③ 变革我们的世界：2030 年可持续发展议程[EB/OL]. https://www.docin.com/p-2464449686.html.[2024-02-16].
④ 赵慧臣，马悦，马佳雯，等. STEM 教育中如何实现教育公平——《STEM 教育需要所有儿童：公平问题的批判性审视》报告启示[J]. 现代远程教育研究，2018（5）：59-67.

教与学经验和资源"作为 STEM 教育发展的八大挑战之一。该报告指出,要合理配置教育资源,建立网络化实践社区,确保所有教育者和学生都能公平参与 STEM 教育;要利用信息技术创建灵活的学习空间,并建立有效机制支持学习者使用的公平性;要创造多元化的社会环境,在 STEM 学习过程中融入女性、少数族群、低收入群体或残疾学生等多样化的学习者,促进 STEM 教育的公平性、包容性。美国政府希望各个年龄的人都能受到良好的 STEM 教育。联邦政府支持 STEM 教育的扩张项目,为各个阶段的学生和教师提供更多参加 STEM 教育的机会,比如鼓励中学生和公众参与 STEM 项目,使每年参与 STEM 教育的青年人增加 50%;增加 STEM 教育的大学毕业生数量,到 2023 年,使 STEM 的本科毕业生增加 100 万名,提高女性、少数族裔等人群在 STEM 学生中的占比。[1]

(三)打造高质量的 STEM 教育

美国 STEM 教育的另一个重要目标是追求卓越与高质量。办好高质量的 STEM 教育是近十年来美国政府教育工作的重点,也是美国创新生态系统的基石。原因如下:一方面,当今世界科技迅猛发展,人类进入了创新驱动发展的新时代,创新对高质量 STEM 人才的需求极为迫切;另一方面,美国在国际学生评估项目(Program for International Student Assessment,PISA)的测评中处于中等地位,需要大力提升 STEM 教育水平,以增强美国的国际竞争力。[2]围绕打造高质量 STEM 教育这一战略目标,美国联邦政府出台了一系列政策举措。2018 年,美国联邦教育部在 STEM 教育上共拨付 2.79 亿美元,对教育创新与研究、有效支持教育者的发展、高中职业和技术教育的学徒通道等 10 项与 STEM 相关的教育领域进行了优先投资。[3]计划未来五年培养出具备合格的 STEM 教学能力和 STEM 教育知识的教师,支持现有的 STEM 教师队伍;开展面向研究生的 STEM 教育培训,提升研究生的基础研究能力、专业技能与职业

---

[1] James D. NASA associate administrator for education. federal STEM education 5-year strategic plan[R]. Committee on STEM Education National Science and Technology Council, 2013: 5.
[2] 吴向东,王继华. 面向高质量 STEM 教育的鸢尾花教学模式[J]. 中小学数字化教学,2017(1):49-52.
[3] 吕秋艳. 美国掷重金发展 STEM 教育[J]. 世界教育信息,2018(23):76.

发展技能；对已经开展的 STEM 教育实施有效评估机制，保证其高质量。[1]此外，联邦政府还通过整合、优化跨部门的各种教育资源、知识和经验来进一步提高 STEM 教育水平。

二、美国 STEM 教育的挑战与应对

（一）理念层面的挑战：超学科整合思维的缺失

思想观念是行动的先导，教育理念是否合理，从根本上决定教育改革的成败。美国 STEM 教育改革的首要挑战来自理念层面。当前，美国 STEM 教育缺乏超学科整合思维，主要体现在两个方面：一是将 STEM 狭隘地理解为独立的四个学科。学校 STEM 教学实践仍采用传统方式，即各学科独立教学：将数学作为基础课程的一部分，将科学作为次要内容，将技术和工程作为补充附加内容。二是将 STEM 教育误解为精英教育。STEM 教育缺乏整合，导致其只能以专业教育的形式存在，精深的专业性排除了大众参与的可能性，这是人们长期将 STEM 教育误解为它"只适合有天赋的人可以接受的精英教育"的原因，如谁有资格成为科学家、谁擅长科学、谁天生就属于 STEM 实践社区的精英等。[2]这些片面的认识既损害了 STEM 教育的公平性，也不利于提供高质量的 STEM 教育。

造成上述问题的原因是人们仅在"多学科课程"层次理解 STEM 教育。这个层次只是 STEM 教育发展的初级阶段，真正的 STEM 教育是"交叉学科"和"超学科"层面的。本质上，STEM 是一个整体，不能被分割成独立的学科。为此，美国政府提倡 STEM 教育的学科交叉融合与终身化。为了更好地整合各类知识并将其运用于现实世界中，《STEM 2026：STEM 教育创新愿景》报告指出：不仅要打破 STEM 学科内部界限，而且要打破 STEM 学科与非 STEM 学科之间的壁垒，通过跨学科团队合作和坚持不懈来制定解决方案，解决重大挑战。具体措施包括：第一，开设交叉学科和超学科课程，从形式上的整合走向实质内容的交叉融合。超越狭隘的科学、技术、工程、数学四个学科

---

[1] James D. NASA associate administrator for education: federal STEM education 5-year strategic plan[R]. Committee on STEM Education National Science and Technology Council，2013:7.

[2] 金慧，胡盈滢. 以 STEM 教育创新引领教育未来：美国《STEM 2026：STEM 教育创新愿景》报告的解读与启示[J]. 远程教育杂志，2017，35（1）：17-25.

课程，融合多学科内容，从教学目标、教学进度、教学策略、教学空间、教学评价等方面建立全新的课程体系。第二，为学生提供多学科的 STEM 学习经验。国家继续增加 STEM 专业人员作为志愿者和导师，以支持 STEM 学习，帮助学习者实现综合学习以及相关的 STEM 学习体验。第三，对教师和非正式教育工作者给予公平和充分的支持，为他们提供各类资源以及综合性 STEM 教育的培训，帮助他们建立跨学科教学理念和丰富学习经验。第四，将计算机科学整合到 STEM 教育中。2017 年特朗普签署了总统备忘录，向 STEM 教育和计算机科学教育每年拨款至少 2 亿美元，尤其强调了计算机科学在 STEM 教育中的地位，指出计算机科学知识必须通识化，成为人人都可以接受的教育，使每个公民都具备信息素养。

　　STEM 教育的终身化重视自身的包容性，强调它不是精英教育，而是公平的、人人可学的教育，每个人都应当终身参与。特朗普政府强调，必须确保今天所有的学习者，从幼儿园孩童到退休人员，都可以获得高质量的 STEM 学习体验。美国 STEM 教育的一个突出特点是大中小幼一体化。美国 STEM 教育根据不同年龄学生的认知水平和接受能力，不断更新 STEM 教育内容和教学方式。在小学阶段，STEM 教育侧重认知科学与艺术素养的训练；在初中阶段，侧重兴趣与动手能力的培养；在高中阶段，侧重逻辑思维与高阶技能的提升；在大学阶段，侧重创新实践能力与跨学科解决复杂问题的能力的培养。近年来，美国 STEM 教育呈现由 K-12 教育向两端延伸的趋势。美国联邦政府于 2010 年颁布的《培养与激励：为了美国未来的 K-12 科学、技术、工程和数学教育》政策明确指出，K-12 年级学生的 STEM 教育除了课内学习外，还可在课外体验学习，美国政府支持开发一系列高质量的 STEM 课外活动和拓展性日常活动。奥巴马政府曾呼吁，鼓励学校开展创新性、个性化教学，为学生高中毕业能够顺利过渡到大学学习和未来就业提供保障。在向上延伸的同时，美国政府也在积极推动 STEM 教育向下延伸，覆盖幼儿教育体系。美国政府于 2015 年签署的《让每一个孩子成功法案》提出，要促进地方社区之间早期学习的协调，做好学前教育与小学教育的衔接工作，并培养教师和其他服务人员的能力，以提供最优质的早期教育。为促进幼儿进行 STEM 教育的学习，美国政府采取了一系列有效措施：培养家长、幼师、领导者、服务人员的 STEM 素养和能力，让其学会用简单的方式把 STEM 引入日常生活中，强化儿童 STEM

学习意识；研制适合幼儿的教育电视节目或数字媒体材料，帮助幼儿进行 STEM 学习并为其进入小学做好准备；此外，将一些联邦拨款资金用于支持州和地方，以发展和扩大幼儿的学前和早期学习系统。

（二）公平维度的挑战：教育资源分布不均

美国 STEM 教育在发展进程中一直受贫困、教学资源不均、数字鸿沟、特殊人群受教育的公平性等问题的困扰。一方面，获取 STEM 学习体验存在机会差距。美国政府认为 STEM 教育是全民教育的重要组成部分，不仅要为所有学生提供科学、社会研究、文学、艺术、体育和健康的教育，而且几乎所有工作部门和职业都需要一套与 STEM 教育相关的通用能力。然而，整个社会的 STEM 教育分配仍存在机会差距。美国 STEM 教育在种族和民族、语言、文化、性别、残疾和区域等方面的不平等状况严重，不同群体的 STEM 教育存在明显鸿沟。美国不同群体学生的 STEM 学业水平差距明显，其中低收入群体、女性等弱势群体的学习成绩较为落后、能力表现较差。比如，在种族方面，根据全国教育进步评估（National Assessment of Educational Progress，NAEP）结果，在八年级的数学中，与 43%的白人学生和 61%的亚洲学生相比，只有 13%的黑人和 19%的西班牙裔学生得分等于或高于他们的成绩。在高中阶段，全国至少 10%—25%的高中都没有开设数学和科学的核心课程。这些课程的可用性和访问权也存在明显的不公平现象。[1]另一方面，STEM 教育资源分配严重不均。当前确保公平获得最佳 STEM 教学和学习的政策和做法在美国并不普遍。整个 P-16 系统的高质量和创新的 STEM 教与学，通常存在于那些拥有最多教育资源和充满创新的社区及学校。贫困学校的学生难以获得 STEM 教育核心科目有经验教师的指导，甚至许多学生没有机会接触到优质的 STEM 课程。此外，在初中和高中阶段，许多尖端的 STEM 学科只鼓励那些符合特定绩效指标，且仅在资源丰富的学校和社区中可用的特定年级的学生。高质量项目的资金和实用性仍然不一致，具有专业知识的学校和社区能够获得最多资源。服务弱势学生的学校，通常缺乏强大的 STEM 教学方法和教学资源，许多可用的课

---

[1] Office of Innovation and Improvement. STEM2026: A Vision for Innovation in STEM Education[R]. Department of Education, United States of America, 2016: 37.

程仅限于弥补学生的认知缺陷，而不是专注于改变系统和提供 STEM 教学[①]。

为了确保所有学生都能公平获得必要的 STEM 教育资源和支持，美国政府主张运用现代信息技术共享优质资源。具体做法如下：第一，建立参与度高的网络化实践社区。美国正在全国范围内建立一些 STEM 教育的网络化实践社区。基于当地独特背景和需求，建立和传播 STEM 区域学习网络，促进区域间协作和持续学习。比如，美国国家科学基金会（National Science Foundation，NSF）的农村系统倡议（Rural Systemic Initiative，RSI），特别关注美国偏远农村和贫困地区，通过建立可持续的学习网络来改善当地 STEM 教育，也为教师提供高质量的专业发展和网络体验。第二，创造基于信息技术、灵活包容的学习空间。美国政府认为，未来的 STEM 教育将利用信息技术，创造灵活的交互式学习空间，并相应建立公平使用这些技术的保障机制。这些信息技术不仅适用于各类学习群体，而且能够拓展学习空间，深化 STEM 学习体验。如开设大规模在线开放课程（MOOC，慕课），运用增强现实（AR）技术和虚拟现实（VR）技术等，还有诸如沉浸式媒体、仿真游戏、智能导师系统等新技术，都能带来课堂教学革命。

（三）卓越维度的挑战：优质教育资源相对匮乏

STEM 教育质量关乎美国社会未来的科技竞争实力，尽管 STEM 教育的实施有联邦政府、国家科学基金会、联邦教育部等各类组织机构的支持，但在实际运行中，仍面临优质教育资源相对匮乏的挑战。主要表现在三个方面：一是 STEM 教育资源未能有效整合。美国联邦政府和州政府等许多组织提供的 STEM 教育资源较为分散，各类组织间缺乏有效沟通，致使学校并未充分获取教育资源，学生也缺乏充足的校外实践机会。[②]二是高质量 STEM 教师短缺和专业素养不足。首先是师资短缺。数据显示，2005—2015 年，美国中学作为核心课程的数学和科学的教师缺口累计达 30 万名，技术和工程紧缺更严重。[③]虽然整体上教师数量有所增长，但大多数是单科的 STEM 教师，多学科综合的

---

① Office of Innovation and Improvement. STEM2026：A Vision for Innovation in STEM Education[R]. Department of Education，United States of America，2016：23.
② 吴慧平，雷晓晴. 美国实施科学（STEM）教育面临的挑战及应对策略：以巴尔的摩市为例[J]. 教师教育论坛，2017，30（4）：70-73
③ 金婉霞. STEM：高大上理念缘何滋生大杂烩培训[N]. 文汇报，2019-05-10（8）.

STEM 教师数量严重不足。其次是教师专业素养不足，中小学 STEM 教师的学历层次不高，部分教师缺乏 STEM 相关专业的背景，课堂教学时很难激发学生的学习兴趣；大学 STEM 教师在某一个学科的专业能力很强，但缺乏跨学科的知识背景，而且启发式、探究式的教学方法还未灵活运用。三是优质 STEM 课程资源不足。作为一种跨学科整合、以真实问题解决为目标的课程形态，STEM 课程有着很强的开放性、实践性、创新性等特征。美国 STEM 课程建设的主要问题是课程总量不足、优质课程资源稀少，特别是交叉学科课程的研发、建设和供给显得尤为迫切。

针对优质教育资源缺乏有效整合问题，美国 STEM 教育主张强化学校教育与工作世界的联系。美国 STEM 教育力推通过学校和工作场所，以及社区之间的协作支持，为 K-20 阶段的学生提供基于工作的学习，包括学徒制、实习、合作教育等。具体措施如下：其一，与企业建立互惠互利的合作关系。美国政府积极出台政策鼓励校企联合，使 STEM 教育培养的人才能够满足市场需求。2010 年出台的《为了美国的未来：劳动技能行动计划》是促进教育部门与商业部门之间合作的行动纲领，强调以商业部门的需求为导向来培养未来美国的劳动力。[1]美国《印第安纳州 STEM 行动计划》指出，一方面，学校根据企业对人才的需求，制定 STEM 职业技能标准，要求学生掌握跨学科知识，以及在不同情境中解决复杂问题的能力。另一方面，企业为 STEM 教育提供创新实践平台和学习资源支持，不仅为学生研究、学徒式训练和项目学习提供平台，而且鼓励企业专家走进课堂，全方位支持 STEM 教学活动。[2]其二，专注于创新创业。特朗普政府要求所有美国人参与前沿项目的设计与制定，通过创新的方式鼓励年轻人创业，尤其是把学校教育与工作场所教育相结合，将企业家精神融入创新创业教育中。[3]可以说，创新创业教育是应对职场不确定性的重要策略，开展创新创业教育，培养创新能力是卓越教育的标志。

针对高质量 STEM 教师短缺和专业素养不足问题，美国政府强化 STEM 教师的选拔和培训。注重发挥教师的主观能动性和创造力，引导教师成为

---

[1] 李函颖. 美国 STEM 教育的困境与走向：《美国竞争力与创新力》报告述评[J]. 比较教育研究，2014，36（5）：53-58.

[2] 赵慧臣，陆晓婷，马悦. 基础教育、高等教育、企业以及教育管理部门协同开展 STEM 教育：美国《印第安纳州科学、技术、工程和数学（STEM）行动计划》的启示[J]. 电化教育研究，2017，38（4）：115-121.

[3] 程宇. 促进可持续发展与工作世界的衔接：国际组织在行动[J]. 职业技术教育，2012，33（15）：50-52.

STEM 教育改革的驱动者。具体措施如下：在教师入职前期，对教师进行严格筛选和培训，努力挑选能够胜任 STEM 教学的教师。在教师试用期阶段，政府鼓励校际、校企之间充分合作，为 STEM 教师提供真实的教学环境体验，从而增强教师在 STEM 课堂上的实战经验。对于在职教师，注重培养其 STEM 专业素养。美国政府一直在尝试用多种方式培养 STEM 教师，《美国竞争法》提出两条路径：一是为 STEM 老师制定两到三年硕士学位学习计划，帮助他们建立更加完整的知识体系，提高专业素质；二是为 STEM 专业人员制定一年硕士学位计划，帮助他们取得教师资格。一些民间机构也会提供 STEM 教师培养服务，如组织专业的"学习共同体"、提供短期的专题培训或者研讨会等。此外，美国还积极采取教师的替代策略，选聘一批专业素养较高的教师作为 STEM 教育的专业教师或兼职教师。同时，培养一批 STEM 专业的学生，希望其能够深造之后留校任教。

针对优质 STEM 课程资源不足问题，美国从创新教学内容和改革评价方式两方面进行应对。第一，设计基于职业情境的学习项目。美国希望未来的 STEM 教育应在教学中加入专门设计的趣味性或风险性项目。专门设计的游戏可以为学生创造探索不确定性的机会，让学生从经验中建构知识以获得学习体验。第二，鼓励学校与企业共同开发跨学科课程。运用基于问题的在线学习，扩大学生对跨学科 STEM 的学习体验，帮助学生扩展跨学科课程空间，让学生在国际背景下学习和应用综合知识。目前，美国"支持制造者运动"席卷全国，允许个人成为社区的创造者和变革者，让他们获得使用工具、知识和金融手段进行教育、创新和发明的途径。这一运动可以有效促进 STEM 学习，不同背景、文化和特征的青年可以通过设计制造来培养创新精神和企业家精神。第三，建立多元智能的学习评价方式。为了保证 STEM 课程的卓越，评价方式的改革势在必行。未来 STEM 课程的评价应侧重于学生的自主学习能力、个人素养、探究能力。因此，需要设计出更智能、更多元、易操作的评价方式，将过程性评价与结果性评价相结合。美国开发了一些软件或程序，为教师提供学生学习全过程的实时数据，以便全面考查学生的学习状况。

三、结论

美国 STEM 教育创新旨在让全体公民获得公平而高质量的学习体验。基于这一政策目标，美国 STEM 教育创新的未来方向主要包括三个方面：STEM 教育通识化、提供公平的 STEM 教育、打造高质量的 STEM 教育。对标使命与愿景，当前美国 STEM 教育创新面临三大挑战，即超学科整合思维的缺失、教育资源分布不均、优质教育资源相对匮乏。针对超学科整合思维的缺失问题，美国提出了跨学科交叉融合的理念，以及 STEM 教育通识化、终身化的思想。针对教育资源分布不均问题，美国提出运用现代信息技术共享有限的优质 STEM 教育资源。针对优质教育资源相对匮乏问题，美国提出加强学校教育与工作世界的联系，以极大扩充优质的教育资源；加大 STEM 教师的选拔和培训力度，以解决教师短缺和专业素养不足问题；创新教学内容和改革评价方式，以解决优质 STEM 课程不足问题。美国 STEM 教育的战略变革对仍处于起步阶段的中国 STEM 教育具有启示和借鉴作用。

1. 树立 STEM 教育融通化、通识化的理念

STEM 教育要由多学科向"超学科"发展。不同学科的知识犹如七色光，多学科的 STEM 教育呈现出来的还是七种不同的光，只有通过超学科整合，才能使七色光叠加在一起后形成一道白光，实现七色光的真正融合。STEM 教育的融通化为其通识化提供了可能性，整合性的知识更容易为普通大众所接受。中国 STEM 教育从 2012 年开始逐渐得到关注和推广，但仅在北京、上海、广州等发达城市实施，而且部分学校只有优等生才有机会参与 STEM 教学活动。美国 STEM 教育政策的目标，除了整合科学、技术、工程、数学外，还包括培育博识的、高素质的公民，其 STEM 教育通识化趋势日趋强劲。因此，有必要打破 STEM 教育精英化的偏见，使 STEM 教育公平惠及所有学生。STEM 教育应该是通识化、普及化、终身化的，是一种人人都应接受的教育。科学精神、工程思维、人文情怀是 STEM 教育的核心要素，是 STEM 教育通识化的发展方向。STEM 教育的通识化客观上要求打通各学习阶段，进而实现 STEM 教育的终身化。近年来，中国 STEM 教育由于缺少国家层面的顶层设计，基础教育向下与学前教育没有联通，向上与高等教育没有联通，各地各校对 STEM 教育的认识不同、对其能力标准和评价标准不同，使得 STEM 教育在不同学龄段的开展缺乏衔接性和系统性。因此，当务之急是要完成 STEM 教育生态系统的建设，即要建立各学习阶段的有效联系，使不同阶段的教育突破原有的樊篱，开始融通，实现人才培养的连续性。

2. 整合各方力量，极大扩充优质 STEM 教育资源

STEM 教育事关国家科技竞争力，需要全社会共同推进，需要整合各种社会资源，形成人才培养的合力。美国 STEM 教育的推行是一项由政府、国会、企业和社会团体、公众共同参与的系统工程，呈现出战略上的高度重视，资金上的大力投入，以及多部门协同行动等特点。[①]目前中国 STEM 教育的推动，在国家层面尚缺乏系统规划和顶层设计，对于人才培养的多元利益相关者，如政府、学校、企业、学术机构、社区等，缺乏协同推进机制。尽管国内 STEM 教育也组建了一些联盟，但大都是松散机构，没有形成全社会的合力，社会联动机制还不健全。因此，中国在协同开展 STEM 教育过程中，应打破传统各自为政的局面，整合各类资源，使优质的 STEM 教育资源极大涌现。国家要鼓励各方主体聚焦提高全民 STEM 素养的工作，共同关注 STEM 教育的需求，提供高质量的专业发展创建项目，为学生和教师提供资源和工具。当前的一个主要着力点是加强产教融合、校企合作。产教融合强调校企双向的互动与整合，学校与行业企业紧密联系培养人才，使学生学习未来职场所需的工作技能，有效培养学生的实践能力、创新能力和解决复杂问题的能力。

3. 利用现代信息技术，促进 STEM 教育的公平分配

面对中国 STEM 教育发展不充分不均衡的问题，采用"互联网＋教育"促进优质教育资源共享是中国 STEM 教育的必然选择。美国面对 STEM 教育发展不均衡的问题，主要运用信息化手段，将 STEM 教育面向贫困人群、民族地区和教育水平落后地区倾斜，努力推进 STEM 教育公平发展。近年来，中国加快教育现代化和教育强国建设，推进新时代教育信息化发展，结合国家"互联网+"、大数据、新一代人工智能等重大战略的任务安排，出台了一系列政策文件，如《教育信息化 2.0 行动计划》和《2018 年教育信息化和网络安全工作要点》等。通过完善教育信息化基础环境建设、深化数字教育资源开发应用与供给服务、拓展网络学习空间应用广度与深度、促进信息技术与教育教学融合发展等一系列措施，必将促进 STEM 教育公平而有质量的发展。

---

① 中国教育科学研究院 STEM 教育研究中心. 中国 STEM 教育白皮书[R]. 北京：中国教育科学研究院，2017：38.

第五章　建构STEM教育模式：美国研究型大学的典型案例

本章选取了密歇根州立大学莱曼布里格斯学院、得克萨斯大学奥斯汀分校、康奈尔大学、科罗拉多大学博尔德分校4所研究型大学作为研究对象进行案例研究，深入分析美国STEM教育模式。选取案例高校的原因如下：一是在美国乃至世界具有权威性的高校。这4所高校都是北美大学联盟（Association of American Universities，AAU）高校，长期以来，北美大学联盟所发布的教学规划一直是世界一流大学所采用的教学标准。二是STEM教育改革成效显著的高校。这4所高校开展STEM教育的方法举措被收录进《改进研究型大学的本科生STEM教育：案例研究集锦》报告，该报告是由美国大学协会与美国科学进步研究公司于2017年共同发布的，这些案例具有一定的代表性。4所高校在STEM教育改革中，各有特色、各有侧重。密歇根州立大学莱曼布里格斯学院和得克萨斯大学奥斯汀分校侧重STEM教育的培养模式改革，康奈尔大学和科罗拉多大学博尔德分校侧重STEM教育的管理制度改革。这些成功经验均值得我们参考和借鉴。

一、4所美国研究型大学的案例描述

（一）密歇根州立大学莱曼布里格斯学院STEM教育改革

莱曼布里格斯学院成立于1967年，主要研究与社会、历史和哲学相关的数学和科学。该学院的学生可以主修从人类生物学到计算机科学的30多种专业，共有1900多名学生。由于土地捐赠的特殊情况，学院的学生构成类型多样化，有60%的女性和20%的有色人种。此外，学生的素质差异较大，每年学院有 20% 的学生可以进入密歇根州立大学的荣誉学院，但是也有 15% 的学生无法完成基本课程。学院为学生提供了硬件和软件相结合的教学环境，拥有科学实验室、教室、顾问办公室、餐饮住宿设施等完备的硬件设施；还有高质量的师资力量，自成立以来，学院培养了大批科学家，这些科学家具备基本的科学和数学背景，以及较高的人文素养。

1. 理念与目标

依托密歇根州立大学的办学宗旨和目标，莱曼布里格斯学院开展 STEM 教育的理念主要有三点：第一，以学生为中心的育人理念。在教学方面，学院坚持以通识教育为主，认为通识教育是一种更为有效的专业教育。学院非常注重培养学生的学习兴趣，将知识学习与创新实践相结合。在为学生服务方面，以就业服务为例，学院主张让学生首先了解自身的就业需求及意愿，以及社会的就业需求，自主选择并设计职业生涯。学院在这个过程中会为学生创造更多的机会去思考和选择。第二，跨学科的发展理念。密歇根州立大学校长科尔曼曾提出学校的办学理念是"不合作就死亡"（Partner or Perish），学校认为跨学科的教学和研究可以有效地推动学术创新。在学校跨学科理念的指引下，莱曼布里格斯学院同样注重跨学科发展，特别是在交叉学科领域发展迅速。第三，分权治理的管理理念。密歇根州立大学将学校层面的行政权力与院系层面的学术权力分开，将学术权力置于至高位置，行政权力服务于学术权力，充分发挥院系的学术自主权。

在培养目标上，莱曼布里格斯学院沿袭了密歇根州立大学的风格，将"通过跨学科的教学和研究为科学和人文学科提供桥梁"作为学院使命。学院以学生为中心，通过通识教育和专业教育提升学生的创新实践能力和学科综合能力，促进教育公平。相比于密歇根州立大学的其他学院，莱曼布里格斯学院的学生主要集中在 STEM 相关学科，每年有超过 72% 的人会获得 STEM 学位，其中，有相当大比重的学生会继续攻读硕士学位。

2. 路径与方法

莱曼布里格斯学院在教学方法方面主要采用多学科融合的方式，注重体验式教学，鼓励学生主动参与探索问题的过程。这些都使学院成为教学创新实验的理想场所，也能够更好地被密歇根州立大学其他 STEM 学院学习借鉴。莱曼布里格斯的实践方案为有志于进行STEM教育改革的院校和机构提供参考。

（1）课程设置

莱曼布里格斯学院为数学成绩较低的STEM学科的学生创建了一门名为灌输量化和整合推理（Instilling Quantitative and Integrative Reasoning，INQUIRE）的多学科课程，从而使这些学生能够顺利完成STEM课程，提高STEM专业的学生比例。这组多学科课程积极促进学科之间的融合，将数学的学习与生物、化学等科目的学习进行整合，同时对人文社科和科学类课程进行有机结合，在化学和生物的学习过程中融入人文社科的内容，并遵循科学的教学顺序。

对于数学基础较差的学生来说，他们在大学入学课程——科学课上的成绩也相对较差，致使继续攻读STEM学科的比例也较低。受数学成绩的影响，这些学生不能像普通新生一样学习化学课程。为此，学院采取措施，对这些学生进行辅导，但效果却不尽如人意。为改善这种状况，密歇根州立大学的化学学院、生物学院与莱曼布里格斯学院的学术顾问共同为这一群体的学生打造了一门全新课程：LB155（Introduction to Quantitative Science and Research，定量科学和研究导论）。课程开设后，95%符合条件的新生已学习该课程，但对学生后续的学业帮助并不明显。为了进一步改善课程设置，学院组织专职教师和顾问团队合作创建了INQUIRE课程，其中包括数学、生物和化学课程。进入INQUIRE的新生，在大一秋季学期，学习代数课程和入门科学课程LB155。和所有新生一样，他们也要学习历史、社会科学和哲学等基本课程，尤其是培养写作能力的课程。在大一春季学期，他们开始学习高等数学和人文社会科学。主修STEM学科的学生还需要在春季学期学习科学学科的课程。学院的化学和生物课都属于公共类课程，INQUIRE的学生需要在大一春季完成生物课的学习，可在大一春季或大二完成化学Ⅰ课程学习。但是，INQUIRE的学生对于化学Ⅰ课程的学习成绩都不理想。为此，学院对INQUIRE课程改进了两次：第一次改进，在LB155阶段特别关注学生的自主学习能力和学习方法。例如，他们把化学的旧考题作为LB155课程的课堂练习题，在学生完成练习后帮助学生做习题分析。第二次改进，他们在大一春季学期为INQUIRE学生开设化学Ⅰ课程，并使学生能够按照生物—化学的科学序列进行学习。结果显示，改进后INQUIRE学生的化学Ⅰ考试成绩大幅提升。接着，学院为INQUIRE学生在大二秋季学期又开设了化学Ⅱ。

INQUIRE 课程开发了"夏季桥梁衔接项目"。莱曼布里格斯学院与其他密歇根州立大学 STEM 学院合作，将高校的 STEM 教育与 K-12 阶段打通，保持高中、大学两个学习阶段间的连贯性，学院在暑期夏令营阶段就将 STEM 教育付诸实践，为学生做好向大学阶段的过渡。实践证明，这些参加过"学段衔接"夏令营项目的学生，在大学数学分班考试后，至少有一门科目的考试成绩会有所提升。

（2）教学方法

莱曼布里格斯学院重视以学生为中心体验式教学。学院教师努力创造体验式课堂实践，在学习的过程中通过实验等活动启发学生的主动学习能力和创新实践能力。LB155 课程主要采用体验式教学方式，将数学学科的学习与科学应用相结合，提倡学生在讲座和团体活动中培养自主学习意识。同时，学院开设形式多样的实验课程，使学生在做中学，并将所学知识更好地运用于实践。教师不仅在实验室积极引导学生参与到实验过程中，而且在平时的教学活动中引导学生主动思考并发展自己的职业兴趣。这一项目的实施能够进一步提高学生在 STEM 学科的留存率，并缩短学生完成学位课程的时间。

3. 组织与管理

（1）师资培养

莱曼布里格斯学院不断推进教师之间的交流与合作，并建立沟通交流平台。教师会对教学内容和教学方法大胆创新，并与同行讨论交流。依托专业知识储备，教师创设了包含天文学、物理学、历史、哲学和社会学等多个学科领域的独特课程体系，他们采用研究性教学，有意识地培养学生的跨学科能力和研究创新能力。这潜移默化影响着莱曼布里格斯学院的管理，学院从多方面为 STEM 教师的培养和交流营造良好环境。首先，学院鼓励教师在课程设置和教学过程中与不同学科领域的教师开展合作，并为这一合作争取外部资金支持。其次，学院主办和承办有关跨学科教学与学习的全国性会议，为教师提供跨学科学习机会。最后，学院成立了密歇根州立大学本科生 STEM 教育联盟，该联盟将 4 所本科生学院联合起来，为 STEM 教师提供教学的基本课程，并在大量外部资助的基础上改革所有 STEM 学科的入门课程教学。

(2)评价与管理

为了保持教师的创新热情、提升教师教学积极性,学院制定了360°教学评价方法。通过学生评价、教师的自我评价、同行评价等方式对教师的教学水平、学术态度、学术成就等进行评价,评价结果会对教师的年度绩效、晋升、终身教职的评定等产生影响。与国内教学评价有类似之处,莱曼布里格斯学院也会有教师评审会的专家对教师授课课堂进行督查,以保障课堂教学质量。此外,学院还采取循证的方式评价教学质量。学院在2011年制定了学生学习成果评价(Student Assessment of Learning Gains,SALG)模式,并建立了SALG网站。该网站是一个免费的课程评价工具,可以让高校教师收集学生学习反馈。任何人都可以注册和使用该网站,在该网站创建并使用SALG调查,以衡量学生课程学习效果以及他们在课程学习目标方面的进展情况。同时,教师运用教学改革观察协议(Reformed Teaching Observation Protocol,RTOP),这一协议为各教学单位之间的资源共享提供了便利,也方便教师之间对遇到的教学问题进行讨论。学院为教师创建了敢于对教学内容和教学方法进行创新的环境,学生也受这种环境的影响,学习能力和学习成绩均有明显提升,教育创新在学院蓬勃发展。

(二)得克萨斯大学奥斯汀分校STEM教育改革

得克萨斯大学奥斯汀分校是美国南部地区的知名高校,是美国最为著名的研究型大学之一,是美国大学协会创始成员之一。该校是一所于1883年建立的公立大学,在校学生来自美国50个州和全世界100多个国家,在校学生的数量在美国高校中排名第一位,其中本科生大约4万人,硕士和博士研究生大约1.1万人。在本科生中,得克萨斯州的学生占了93%,研究生则是来自全国各地以及世界各国[①],共有教师3000多名。奥斯汀分校共有16个院系,该校开设了除医学和农学外其他学科的研究课程。奥斯汀分校的学术成就和学科评价在全美高校排名中都位居前列,同时也是得克萨斯州的主要学术研究中心,学校每年有15亿美元的预算经费,其中27%左右作为研究经费支出。学校有全美排名前十的图书馆,下设16个分馆,藏书数百万册,为教师

---

① 拉里·R. 福克纳. 知识就是力量:论德州大学奥斯汀分校在区域经济发展中的作用[J]. 国家教育行政学院学报,2004(5):75-82.

和学生的学术研究提供了强大的资源库。同时，奥斯汀分校还重金聘用了一批一流学者，包括诺贝尔奖金获得者斯蒂文·温伯格教授、天文物理学家约翰·韦勒教授等。有了这些优质的资源支撑，奥斯汀分校在很多学科取得了卓越成绩。

1. 理念与目标

奥斯汀分校的使命就是"通过研究性的教育，使学生在本科、研究生和社会服务等相关领域取得卓越成就"，学校会通过一系列的创意实践和学术研究活动来促进新知识的生产和传播，提升学生个人能力，最终为社会进步做出贡献。围绕研究型大学的两个重点任务（教学与科研），奥斯汀分校提出，人才培养的核心价值包括"学习、发展、自由"，主张学生在合作互助的基础上，通过切身实践体验去探索和发现真理。

2. 路径与方法

奥斯汀分校在 STEM 教育改革上强调科教融合。随着信息技术快速发展，学生快速获取信息的渠道更加多元，对专业知识的学习和信息获取已不再局限于教师的传统知识讲授。这一变化促使研究型大学改变教学方式，使之更适应时代发展，更好地服务学生的学习。在很多研究型大学，教学和科研相对独立，在教室开展教学，在实验室开展科研。奥斯汀分校自然科学学院把握时代发展机遇，创新育人方式，通过项目整合了教学和科研，从而改善本科生的学习体验，达到更好的学习效果。

（1）课程设置

奥斯汀分校自然科学学院于 2005 年创建了"新生研究计划"（Freshman Research Initiative），主要通过一系列的研究项目课程来组织学生开展科研活动，让学生在专业课程学习中进行研究，每年大约有 800 名的大一新生和大二学生参加。这一计划通过三个阶段的循序渐进逐步培养学生的科研能力和兴趣。阶段一，研究方法课程。帮助学生掌握基本的研究方法和研究工具，为后续研究做准备。阶段二，专业课程。两个学期的研究学习，计算机科学、天文学、生物化学等超过 25 个研究领域都会成为学习内容，增加学生的专业知识储备。阶段三，项目类课程。进入正式的科学研究实践阶段，参与研究类课程。每个研究项目由大约 40 名学生、1 名博士后研究教育工作者（research educator，RE）和 1 名终身教职/终身教职首席研究员（principal investigator，PI）组成。其中，RE 是科研导师，负责对学生的实验操作和研究进行日常指导；PI 是项目小组的主要研究者，负责指导把控学生的研究目的和研究内容，并对学生负责。计划的实施不仅使学生改变了原本枯燥的学习方式，而且提高了学习成绩、增加了科研成果。参加项目的本科生比不参加的学生在 STEM 学科的相关课程上取得了更高的分数，部分学生在学术期刊上发表文章，每年顺利毕业的人数增加，且绝大多数学生会选择继续深造。

（2）教学方式

目前，奥斯汀分校致力于建立全新的跨学科教学方式，将教学和科研相结合，吸引不同的 STEM 专业的学生加入项目中。这种方式将科学研究与讲座课程联系在一起，不同学科的学生做自己学科领域相关内容的同时，通过研究成果展示来实现不同学科间的交流学习。例如，两位教师合作引导学生开展一个作为海胆发育生物学实验室和他们教授的讲座课程组成部分的研究项目。在这个项目中，实验课程的学生负责构思并研究影响海胆发育的环境因素，然后将他们的发现报告给讲座课程的学生。讲座课程的学生则负责写下对这些发现的分析结果，这些结果将分享给下一批实验课程的学生，以便他们通过新的研究进一步探索问题。

3. 组织与管理

（1）师资培养

奥斯汀分校为参与 STEM 教育改革的教师搭建了线上线下交流互动平台。从 2017 年开始，学校选派一批教师参加国家级为期一周的教师专业发展培训，希望这些教师能够将所学应用到自己的教学中，并且带动全校教师教学能力的提升。为了鼓励学校教师的教学创新，奥斯汀分校自然科学学院计划为教师提供更多的培训和研讨课程，推出教学观摩和"一对一"咨询服务。学校定期举办教学学术研讨会，每月选定一次午餐时间进行。研讨会上，教师讨论的内容主要有公共课堂上的互动教学、教学评估、差异化教学以及团队之间的合作学习等。通过交流研讨，教师可以充分认识到教学中存在的问题并彼此合作改进。奥斯汀分校自然科学学院正在建立一个网络教学资源门户网站，不仅有利于教学资源共享，而且可以增加各学科间交流合作的机会。

（2）评价与管理

为了不断推进科教融合教学方式，奥斯汀分校自然科学学院在 2013 年战略规划中提出，成立"得克萨斯科学教育探索研究所"，这是一种整合实验室研究和课程教学的创新模式，将科研与教学融合推向一个新的阶段。研究所的成立对奥斯汀分校开展 STEM 教育教学改革的原则和方法进行了明确的规定。第一，基于实证研究进行规划。先对现象进行研究，然后根据研究结果制订下一步行动计划。第二，充分利用当地资源。研究所会对当地需求、能力和收益进行高频率评估，根据评估结果制定更加完善的发展策略，为本科生提供独特而有影响力的教育体验。第三，保持灵活性。研究型大学是一个比较复杂的体系，所有人的偏好并不一致，因此研究所要采取多元化的发展策略激励教师进行教学创新。第四，建立良好的评估机制。研究所会定期对相关项目的开展效果和影响力进行评估，把评估结果作为工作改进的依据。

根据指导原则，奥斯汀分校自然科学学院采取了更有效的方法促进科教融合，主要有以下三项措施：一是以教师为主导，提倡将科研活动融入教学；二是对教师的研究性教学的认识和实践进行培训指导；三是及时评估新项目的进展，准确跟踪项目进度，了解教育创新措施的有效性。为了有效监督 STEM 教育改革的开展，得克萨斯科学教育探索研究所配备了专业人员，这些专业人员具有本科生科学教学、学习知识、专业发展、教育研究和评估技能；同时还聘请了研究分析师，负责在全校率先开展一些与本科教育计划相关研究，对学校的教学情况进行分析和评估，以监控学校相关改革的进度和质量。虽然得克萨斯科学教育探索研究所成立不久，但其改革方案和实践成果已被其他学院、学校借鉴和学习。

（三）康奈尔大学 STEM 教育改革

康奈尔大学位于美国纽约州的伊萨卡，是一所规模庞大、实力雄厚、具有巨大影响力的高等学校。该校成立于 1865 年，是美国常青藤联盟中唯一在美国独立战争后创立的高校，主要依靠私人捐赠和州政府拨款支持。近年来，康奈尔大学在全球高校排名中一直名列前茅，其中历史、文学、农学、化学和旅店管理等学科是学校的优势学科。作为一所研究型大学，康奈尔大学的学术能力在全球范围内均得到认可，具有非常高的声誉和影响力。其拥有多个国家研究中心，培养了大批优秀人才，其中包括多位诺贝尔奖得主。

1. 理念与目标

康奈尔大学创新的办学理念是"注重实践教育和知识的实用性，注重学术研究"。这一办学理念主要体现在大学的捐赠者康奈尔（E. Cornell）和第一任校长怀特（A. D. White）的办学思想和《康奈尔大学章程》中。根据办学理念，学校提出相应的学生培养要求，希望通过学校提供的教育使学生能够掌握以下能力：①掌握学科专业知识；②具有批判性思维，能够用批判性的视角看问题，用分析的思想探索知识；③掌握沟通技巧，能够运用书面化的语言清晰表达自己的想法，能够选择合适的媒介与他人建立良好的沟通；④具备理性思维能力，要善于借助定量工具，对问题进行多元化思考；⑤实现自我主导式学习，学会利用和整合学习资源，自主管理，主动学习；⑥具有资源整合能力，能够有效地收集、整合和使用各种渠道的信息资源；⑦具有创新实践能力，能够将所学知识应用到创新实践中，在学科领域有效运用和展示自己的能力。

2. 路径与方法

康奈尔大学在STEM教学改革中，将学生跨学科能力和创新能力的培养放在重要位置。在本科生培养方面，通过开设分配领域课程，培养学生的综合能力。分配领域课堂，主要是让学生通过选修不同学科的课程，储备更为宽广的学科知识，从而实现学生综合能力的提升和全面发展。在文理学院，本科生在大学期间需要完成9门课程，其中在物理、生物科学、数学和数量逻辑类课程中，学生需要选修其中4门课程，并且至少包括2门的物理和生物科学课程，以及至少1门的数学和数量逻辑类课程；人文和社会科学类的课程需要完成5门，其中，要在文化分析、历史分析、认知分析、道德推理、文学与艺术和社会与行为分析6个领域中至少选修4门。同时，在每个大学新生入学的时候，学院都会为其配备一位指导老师，负责为学生提供包括学习、选课、转专业等多方面的指导。在研究生培养方面，注重培养学生的跨学科能力和创新能力。学校鼓励研究生跨学科选修。学生可围绕自己的专业兴趣选择相应课程，跨学科的课程学习不仅丰富了学生的知识结构，还可以让学生发展自己的兴趣点，进而找到自己合适的研究和发展方向。学校改变传统的授课方式，引入项目式教学，使课堂形式更加多样化，启发学生主动地去思考和解决问题，为进一步科研创新奠定了基础。

3. 组织与管理

（1）改革背景

在康奈尔大学的办学理念和人才培养目标指引下，学校在 2012 年 9 月启动关于 STEM 教学方法的大规模改革计划，开始了科学教育创新的尝试，至今仍在持续进行。项目开展前期，学校已经在改进教学方法和教育制度方面采取了一些措施。教学方法改革是一项消耗财力、物力和时间的大工程。从经费来看，一个系的教学改革经费在 5—6 年的预计是 100 万—200 万美元。虽然学校在改革前期已获得 200 万美元的外部专项捐款，但是对于大规模的教学改革来说仍是杯水车薪，更不用说同时支撑 5 个 STEM 学系的教学改革活动。对一个项目来说，资金充足是项目得以成功推进的首要因素。为了保证教学改革有效进行，学校采用了"试点"模式，先在 1—2 个系开展教学改革，成功之后再将经验复制推广到其他学系。

（2）具体措施

如何解决"试点"选择问题，康奈尔大学采取了"拨款竞赛"（A Grant Competition）的方式。让文理学院的 5 个 STEM 学系在 4 个月内分别提交一份申请拨款的教学改革方案，至于是否参加拨款竞赛，完全出于各学系的主观意愿，学校并不强制要求。学校给予学系部充分的自主性，推行"从下至上"的教学改革，也可以有效缓解学校在教学改革方面的资金压力。在前期提案阶段，学校和文理学院都给予参与竞赛的系部极大支持和引导。虽然在学院层面已经有很多 STEM 教育教学的研究资料，但是很多教师并没有清晰地认识 STEM 教育改革的具体细节，因此学院实施 STEM 教育改革的第一步就是帮助教师了解 STEM 教学方法与传统教学方法之间的差异，并促进教师改进教学方法。学院从校外聘请教学改革顾问，鼓励教师充分利用各种资源，设计出有效创新的教学改革方案。康奈尔大学"拨款竞赛"教育改革提案包含 7 个要素：①审批过程；②任务安排、人员配置；③激励机制；④改革效果对比的方法；⑤改革效果评估计划；⑥协调课程转换和过渡计划；⑦经验复制和推广计划。4 个月后，文理学院 5 个 STEM 学系中提交了 3 份教学改革方案，物理学系和生物学系提交的"关于入门课程教学方法改革"的方案通过了审核，项目持续时间都在 3 年以上。这两个提案都是针对大型入门课程，涉及数百名学生和大量教师。例如，物理学系的提案中提出，要建立一个由 6 位教授和 3 位高级讲师组成的物理团队。

总的来说，康奈尔大学在 STEM 教育改革中所采取的措施有 5 个特点：第一，项目主任牵头，侧重系部层面的工作；第二，提出"试点"改革的模式，采取"拨款竞赛"的形式，使系部具有更多主动性和足够吸引力；第三，提供充足的资金、时间和全方位的支持，以解除教师教学改革的后顾之忧；第四，学校相关部门对项目持续关注；第五，学院院长和各个系部主任积极参与教学改革，增强了改革的可行性，提高了改革的认可度。

（四）科罗拉多大学博尔德分校 STEM 教育改革

科罗拉多大学博尔德分校是科罗拉多大学系统的旗舰。该校成立于 1876 年，曾被一些媒体评为美国最佳公立大学之一。博尔德分校共有 9 个学院系统、150 多个学术项目和近 3 万名学生。博尔德分校是一所典型的研究型大学，是北美大学联盟的 34 个公共研究机构之一。以工科类专业见长，其物理学系在美国排名第一，且多人获得诺贝尔奖；航天工程和海洋科学系都是全国排名前几的专业，在教学过程中较多地采取与社会研究机构合作的形式。

1. 理念与目标

博尔德分校坚持通过合作研究、创新创业活动，培养对社会有贡献的人。学校的教育发展战略是"通过一系列具有挑战性的学术活动、研究和机会服务，使学校的每个成员都能发挥他们的潜力并成为塑造未来的领导者"，"为居民服务"是博尔德分校一切学术活动和行动的核心。学校的师生员工在工作和学习中与社会密切合作，根据社会需求并依靠社会帮助，共同完成科学研究和创新成果。博尔德分校将自身定义为服务者，旨在为全校师生员工提供服务和所需资源，努力把学校打造成"致力于社会服务的思想家和实践者的社区"。

2. 路径与方法

为改革研究型大学的科学教育方式，2007 年，以威曼（C. Wieman）教授为主导的多名学者在科罗拉多大学博尔德分校和不列颠哥伦比亚大学的 9 个院系中开展了"科学教育计划"（Science Education Initiative，SEI），成立了 SEI 中心。该计划是为了解决以下教学问题而进行的教学改革：注重教什么而不是学到什么，急于开展小班教学或改建教室致使增加教学费用，忽略外部环境而尝试改变个体的教学方式等。博尔德分校的 STEM 教育改革是"科学教育计划"的一个试点对象。

学校的 STEM 教育改革要求实现学生的有效学习。有 5 个基本要素构成有效学习：①学生首先要掌握专业知识内容，形成专业的思维方式；②教师要对学生进行及时指导与反馈；③学生要具备自主学习和解决问题的能力；④课程设置和教学方式要对学生的知识和思维起到巩固和提升作用；⑤教学活动要与大脑处理和记忆信息的基本机制和规则保持一致。在这个"有效学习"的框架下，教师要将课程进行重新组合，并将上述教学要素体现到教学内容中。这对教师来说是一项非常大的工程，因为除非有大量资源和先前信息可以利用，否则在课程的第一次迭代中很难进行全面转换。因此，教师需要不断地对课程进行开发设计，并逐步增加两到三次迭代课程，以实现全面转换。课程设置的组成要素和约束条件包括：①学习目标。在课程设置前期就要明确列举学生能够达到什么标准，学习目标是课程设计的主要指导思想。②课堂活动。设计形式多样的课堂教学活动，包括小组活动、课堂展示、讲座和课外实践等，以帮助学生更好地接受和理解专业内容，培养合作意识。③课后作业。以项目形式让学生做中学，学生作为项目负责人，自主掌握项目进度。④正式和非正式的评估和反馈。通过作业、研讨课、考试、调查等方式对教师的教学效果和学生的学习效果进行评估。

3. 组织与管理

（1）遴选教学改革提案

与康奈尔大学类似，"科学教育计划"以提案的方式对参与的院系进行资源分配。首先，各院系提交一份本科教育改革提案，提案的质量和通过与否直接决定了该院系所获得的资金支持。提案的内容必须包含本科教育目标、改革举措、本科所有核心课程等，而且每个提案都要提出解决 SEI 课程改革 3 个基本问题的具体方法，这 3 个基本问题是：学生应该学什么？学生在学什么？如何通过教学改革来提高学生的学习能力？此外，专家指出提案要注意两点：一是课程设置要遵循教学规律，不能完全依据学生理想的毕业需求能力来设置课程，以免被学生的特殊兴趣或能力需求干扰；二是要关注提案的可持续性，即该提案实施的成果经验、技术材料和评估数据如何推广复制。

在提案和招标期间，威曼教授会与所有符合条件的院系进行面对面交流，将对提案内容和流程的讨论作为教师会议的一部分。在讨论中发现，尽管大家对实施 STEM 教育改革的必要性达成了一致，但是在如何实现改革方案的策略方面存在较大差异。经过 SEI 中心工作人员的审核，9 个院系提交的提案只有一个比较成功，这一提案在前期进行了广泛的审议，提出了很多规划、共识和拟采取的行动。当然，这些提案在后面具体的实施中还会根据项目的发展不断调整。

（2）资金支持教学改革

SEI 中心每年都会为 9 个院系提供资金支持，并对其进行监督和评估。每个院系所获的资金额度依据改革进度而定，对于一些绩效较低的院系，资金支持有可能被暂停。为了调动教师的积极性，SEI 中心会对科学教育改革中表现突出的教师给予资金奖励，鼓励他们投入更多时间、精力进行教学改革和课程设计。9 个院系将大部分资金用于聘请"科学教育专家"（science education specialist）。科学教育专家在课程改革中与学校教师合作，帮助教师提升专业教学和科研能力，并支持引进新的教学实践和学习评估模式。科学教育专家在科学教育模式改革中主要在五个方面发挥作用：一是促进教师沟通和建立共识；二是收集、提炼和交流数据以支持和指导教师的工作；三是与教师合作开发课程并改进教学方法；四是作为教师的当地资源；五是通过归档和推广宣传促进改革的可持续性。这些科学教育专家会为 SEI 中心工作人员提供关键领域的培训与指导，主要包括学习研究、科学教育、学习发展目标、答题器问题设计、人际交流、学生认知访谈、设计和进行科学评估及研究。SEI 中心工作人员通过访谈、课堂观察、文本分析等方法，收集师生教与学的详细数据，用于指导课程设计。

科学教育模式的改革整体来说是成功的，在改革最为成功的 4 个院系中，有超过一半的教师已经开始采用新的教学方法。值得一提的是，许多参与 SEI 工作的教师在没有任何 SEI 中心资助的情况下也将新的教学方法引入其他课程，并将新的教学方法传授给新教师。很多部门在改革过程中调整了资源分配，加大了对技术培训、创新实践等活动的支持力度。一些 SEI 中心教员现在已经开始将科学研究技术应用到他们的教学中，以前从未参与过教育研究的 15 位教师现在已与科学教育专家合作出版或准备发表课程改革的相关文章。

二、美国研究型大学 STEM 教育模式及启示

1. 美国研究型大学 STEM 教育模式构建

本节通过对 4 所美国研究型院校 STEM 教育改革的微观探究，总结出美国高校 STEM 教育改革主要包括 3 个方面：教育理念与目的、培养路径与方法，以及学校的组织与管理。三者有机结合，从而形成高校 STEM 教育模式，不同院校在改革过程中，在这 3 个方面有所侧重。密歇根州立大学莱曼布里格斯学院和得克萨斯大学奥斯汀分校的教学改革侧重对具体的培养路径与方法的关注，包括课程设置、教学方法和师资培养等；康奈尔大学和科罗拉多大学博尔德分校则侧重管理制度的改革。这些改革都离不开美国政府的政策支持。美国高校 STEM 教育模式见图 5-1。

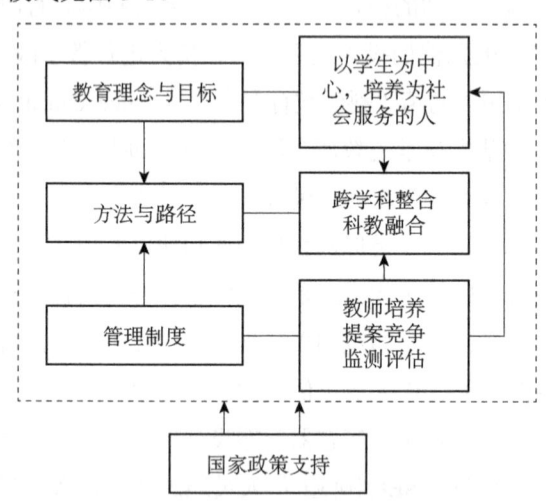

图 5-1 美国高校 STEM 教育模式

（1）理念与目标

通过案例分析可以看出，美国高校 STEM 教育改革的理念和目标主要包含三点：第一，以学生为中心，培养学生的创新实践能力。密歇根大学莱曼布里格斯学院在 STEM 教育改革中都注重培养学生的学习兴趣，将知识学习与创新实践相结合。康奈尔大学提出要培养自主学习能力，学会利用和整合学习资源。第二，培养学生的跨界能力和学术研究能力。莱曼布里格斯学院提出利用跨学科的教学和科研实现科学与人文学科的有机结合。得克萨斯州大学奥斯汀分校希望通过学校教育将研究型大学的教学与科研两大任务相结合。康奈尔大

学提出，学校和学生都要注重科学研究，提高学术研究能力。第三，培养社会所需要的人。4 所院校的学校的都提出要培养对社会和国家有贡献的人。

（2）路径与方法

纵观美国的 STEM 教育改革，是以"如何更好地对 STEM 教育资源进行整合"为中心进行的。在教学内容和教学方式的改革上，有两个特点。一是多学科合作、跨学科整合的课程设置。将不同学科的课程进行跨学科整合，形成多学科课程，比如将人文与科学类课程有机结合在一起。这里的多学科仅仅是把以前的课程重新组合，并非严格意义上的跨学科。二是项目驱动、科教融合的教学方法。以解决问题为出发点，开展项目式教学，让学生在完成具体项目的过程中，提升实践能力和创新能力。把教学与科学研究有机融合，在提升学生的专业知识和能力的同时能够产出科研成果。

（3）组织与管理

美国高校 STEM 教育主要通过师资培养、提案竞争和监测评估进行管理制度的改革。一是师资培养。美国对 STEM 教师的选择和培养比较严格，注重发挥教师的主观能动性和创新创造能力，努力促使教师成为 STEM 教育改革的主要驱动者。在教师入职前期，会对教师进行严格的筛选和培训，努力挑选能够胜任 STEM 教学的教师。对于在职的 STEM 教师，注重培养教师的 STEM 专业素养。此外，为了改变美国 STEM 教师数量缺乏、专业素养无法满足需求的问题，美国还积极采取教师的替代策略，选聘一批专业素养较高的教师作为 STEM 教育的专业教师或兼职教师。二是提案竞争。从案例中可以看出，康奈尔大学和科罗拉多大学博尔德分校的 STEM 教育改革以提案评估与选拔来决定 STEM 教育开展单位和资源分配的方式。提案竞争则是进行教育改革试点选拔的有效方法，以保证 STEM 教育改革试点的有效性，并尊重院校开展 STEM 教育的兴趣和意愿。三是监测评估。4 所案例院校在 STEM 教育改革中都开展了监测评估工作。全流程监测评估机制的建立是实现 STEM 教育可持续发展的重要制度保障，实时监测改革的实施和效果，以持续改进。

（4）政府支持

美国的 STEM 教育改革是美国联邦政府自上而下推行的一项以立法形式推进的国家战略规划，一系列的相关政策文件构成 STEM 教育发展的整个脉络。根据所处阶段不同，政策的内容也会有所不同。在 STEM 教育开展的早期，政策主要强调在美国开展 STEM 教育改革的必要性和紧迫性,随后根据发展要求制定新的教育目标;随着 STEM 教育在美国的应用和发展,如何提高 STEM 教师的素质和水平成为一个紧急且需要长期关注的问题;再往后,各单位的 STEM 教育改革逐渐进入成熟期,教育公平成为需要关注的问题,各类政策文件将其列为重点关注的对象。

2. 美国研究型大学 STEM 教育改革对我国的启示

(1)强化 STEM 教育政策顶层设计

美国将 STEM 教育提升到了国家战略的高度,通过一系列的立法、政策来保证其实施。借鉴美国开展 STEM 教育的经验,中国必须走 STEM 教育本土化的路线,加大对科技创新人才的培养和重视力度,强化政府在 STEM 教育改革中的指导作用,结合国家战略发展需求,从政策立法的角度为 STEM 教育改革的顺利进行提供保障。

(2)确立 STEM 教育的核心理念和目标

第四次工业革命以来,各国纷纷将关注重点转移到对人才核心素养的培养上。明确 STEM 教育的定位目标,有助于解决世界经济转型的用工需求,弥补数字科技人才教育短板。我国 STEM 教育应超越传统教育模式,通过包容性、培养创造力和促进批判性思维,大力培养学生的科学素养、工程实践能力和问题的解决能力,以应对当今时代的多方面挑战。

(3)完善 STEM 教育的课程设置与教学方式

一是建立 STEM 课程体系。我国尚未形成一个完整的 STEM 教育课程体系,STEM 教育的相关课程改革仍然处于一个学习和试错的阶段,缺乏具体有效的执行方案,往往流于实践课、动手课等表面的形式。因此,我国需要对 STEM 教育课程体系进行系统构建:首先,要将科学、技术、工程、数学等学科进行整合,形成 STEM 学科整合性的课程设计模式。其次,要遵循 STEM 教育理念与目标,实现科学学科与人文学科的融合,要将多个学科的内容融合,理工科学生也要对人文社会科学的专业知识有所涉及,反之亦然;设计跨学科课程,在我国推广 STEM 教育改革,培养和提升学生的跨界能力与综合素质。最后,打造科教融合的教学方式。STEM 教育要在教学方式方面实现教学的科研性和科研的育人性目的,在教学中培养学生的科研能力,在科研活动中培养学生的学习能力、创新能力，使教学与科研的相辅相成。在教学形式上，应创设更多学科融合的讲座类、实践类课堂，让不同学科的学生有机会一起完成一个共同的项目，并在教学过程中上形成多个参与主体的协调联动。学校不仅要创造实现科教融合的合适环境，还要与社会通力协作，共同推进STEM教育，为学生创造更多去企业实践和研究的机会。

（4）建立STEM教育管理制度

一是加强培训，提高STEM教师素质。我国目前还没有专门的STEM教育教师，已有的教师在专业素养和对STEM教育的认知上尚存在不足。要开展STEM教育，就需要从以下方面着手：首先，拓宽STEM教师选拔渠道，严格筛选合格的STEM教师，对新选拔教师和在校教师普及STEM教育的内容和相关知识；其次，通过多种途径培养教师的STEM教学素养，教师要增强自身的跨学科能力；最后，要对教师的教学效果进行监测和评估，以保证教育质量。

二是以评促建，建立STEM教育评估机制。STEM教育评估机制的建立要以培养目标为评价基础，运用多元化评价方式。首先，各高校之间开展STEM教育的时间可能存在差异，因此应该根据STEM教育发展的阶段开展定制性评估；其次，要鼓励STEM教育单位进行自我评估，建立标准的自我评估工具，评估的内容可以包括目前STEM教育已经取得的成果、面临的机会与挑战、后面的行动计划和目标等；最后，对STEM教育效果进行评估时，可以参考前期的行动计划和任务目标，评价效果是否达到预期目标。

三是打通各阶段教育，实现学段衔接。高校的STEM教育改革要注重各学习阶段之间的衔接，形成跨年级的整体课程体系。可与高中阶段衔接，并下延至中小学阶段，同时可以延伸到继续教育。

第六章　开展合作教育：美国高校产教融合的最佳实践

合作教育是大学通过与企业、政府或研究机构之间的合作来培养社会所需的人才的一种方式，是一种将理论学习与相关工作经验相结合的教育模式。合作教育的落脚点是人才培养，其核心是将学生的工作实践以一种有序的方式贯穿到学生的教育过程中。合作教育在世界范围内已经逐渐发展成熟，而我国的合作教育还处在发展过程中，亟须借鉴国外先进经验来促进自身更好发展。

本章选取了美国富兰克林·欧林工学院（简称"欧林工学院"）和德雷塞尔大学作为研究对象进行案例研究，深入分析美国高校产教融合的合作教育模式。这两所高校的合作教育各有特色且成效显著，在全美乃至世界享有盛名，案例具有一定的代表性，它们合作教育的经验对我国高校的产教融合、校企合作极具启发意义。

一、欧林工学院合作教育的实践及启示

欧林工学院是欧林基金会（Franklin W. Olin Foundation）为了培养新型创新创业工程人才，于1997年建立的新兴工程学院。自2002年招生起，欧林工学院坚持产教融合的办学理念，以及产业发展、进步引领和支撑的办学思想，实施了一系列工程教育改革，并在短短十几年时间就取得了令人瞩目的成绩，迅速跻身美国优秀大学行列，其毕业生的优异表现也获得越来越广泛的社会认可。该校坚持产教融合，形成了独具特色的"欧林三角"教育理念，即在工程教育的基础上，融入创业教育和人文社会艺术教育，并将工程实践作为重点，

贯穿课程体系和人才培养的全过程。①其中，形式多样、规模庞大的合作教育模式尤为突出。正是这种开放性、职业性的合作教育，为学校培养适应产业需求的创新创业人才做出了巨大贡献。

（一）欧林工学院合作教育的基本情况

随着大学社会服务的职能越发重要，大学必须突破边界，走出"象牙塔"，由传统的封闭模式走向与周围环境，并与之密切联系，将先进知识技术进行转化，使其实现市场价值，进而成为社会财富。欧林工学院非常重视高校的社会服务职能，希望毕业生成为创新创业工程师，面向社会需求解决实际问题，并通过创新手段改变人们的生活方式。因此，学校在教学过程中着力为学生创设职业情境，让学生能够将课堂学习和工作体验有机结合，基于此，合作教育是最为理想的教育模式。目前，欧林工学院与上百家企业、政府部门和研究机构建立了合作关系，学校与合作单位之间逐渐形成了积极互利的长期深度合作关系。学校一方面将双方合作的链条加长，另一方面将合作的面扩大、接触点增多，在努力争取合作单位经济资助的同时，积极为学生提供更多的实习机会，使学生在工作实践中积累经验并为合作单位创造价值。

欧林工学院的合作教育是理论与实践有机结合的典型，特别强调"做中学"的实践体验。学校通过合作教育项目，为学生提供与职业或学术目标相关的工作机会，使其获得相应的工作经验。学生以一种有序的方式进行学习与工作，参加合作教育项目并考核合格后，会拿到相应的学分，这是学位要求的一部分。合作单位与学校共同指导、监督和评估学生在工作体验阶段的工作进度及表现。学校有合作教育的专门机构，为学生提供就业准备，并为学生参加合作教育项目提供资格审查和咨询服务。合作教育项目使学生、学校和雇主之间形成一种稳固的合作关系，三者均可从中受益。②

（二）欧林工学院的合作教育模式

欧林工学院开展的合作教育主要分为四种模式：合作实验室模式、创新实验室模式、高级工程项目模式、企业合作伙伴模式。

---

① 徐小洲，臧玲玲. 创业教育与工程教育的融合：美国欧林工学院教育模式探析[J]. 高等工程教育研究，2014（1）：103-107.

② 李元元，邱学青，李正. 合作教育的本质、历史与发展趋势[J]. 高等工程教育研究，2010（5）：22-29.

1. 合作实验室模式

欧林工学院的教育改革不仅以自家校园为试验田，还积极寻求与其他院校的合作，共同探索和设计新的教学模式，欧林的此项计划被称为"合作实验室"（collaboratory）。为了应对当今世界的重大挑战，欧林工学院与来自教育、商业和政府等机构的优秀人才一起，期望改变当下的工程教育模式，使其适应工程人才培养和技术革新的需要。在与合作伙伴的合作过程中，欧林工学院以持续有效的改革成果为目标，始终坚持推进工程教育模式的根本变化，致力于在未来十年，并与兄弟院校一起发起一场足以改变整个本科工程教育的革命。

作为"合作实验室"，欧林工学院为校内和校际推进工程教育改革的交流提供了空间，并为校际交流提供了多种多样的合作方式。学校会定期开展以"校园、课程、文化"为主题的校园开放日，访问者不仅在学校安排下能够亲身感受欧林学生的学习经历，还可以申请参加欧林工学院在每学期末举办的高级工程项目（Senior Capstone Program in Engineering，SCOPE）博览会（SCOPE EXPO），了解欧林工学院学生独特的毕业设计 SCOPE 项目和以此为特色的教学模式。此外，欧林工学院还开办了一些短期的交流合作项目，如"夏季研究院"（Summer Institute），参与此类项目的访问者可以与欧林工学院的教学团队一起探索诸如"促进学生参与度"的课题，并深入研究欧林工学院的教学方法，以共同探索和设计新的教学模式，或寻求更加深入的合作关系。欧林工学院还与其他学校共同发起了"教师创新交换"（Innovative Personnel Exchanges）项目，交换教师可在欧林工学院度过一个学期，与学院教师团队合作、相互学习、共同教学并分享经验。

与此同时，欧林工学院还与伊利诺伊大学香槟分校、新加坡理工学院等一大批院校建立了合作伙伴关系，并在共同设计课程项目上成果丰富。针对各个合作院校的具体情况，欧林工学院分别与它们合作实现了其各自具体的课程改革或开拓目标。在欧林工学院合作实验室的所有项目中，学院教师团队始终坚持首先了解合作机构的具体特点，并针对其特点来共同探索和定制适合的教育方法及计划。在共同探索和设计的过程中，学院教师团队不仅积累了丰富的实践经验，还在与合作院校教师的合作中收获颇丰，并能够将学习到的经验融入欧林自身的教学理念和教学方法。

2. 创新实验室模式

欧林创新实验室（Olin Innovation Lab）的建立是为了给着眼未来技术领域的领导者提供一个交流合作的平台。在这个旨在解决问题的安全可靠的平台上，相同领域内的不同企业可以交流理念和分享信息，共同探讨未来世界的技术挑战，并寻找合作企业间利益最大化的有效途径。

欧林创新实验室的目标：一是建立一个有共同兴趣和对技术革新有热情的团体，共同探索工程技术领域课题，提出可行的理念和实现步骤；二是为企业与欧林工学院的联系提供一种与众不同的方式；三是为行业领导者提供与学生——下一代的劳动力这一群体探讨技术领域相关问题的机会；四是紧跟工程技术发展的潮流，分享技术领域的前沿动态以及相关成功经验，邀请新的成员加入创新实验室。

为支持创新实验室的运行，创新实验室成员中的赞助企业每年需为其每个讨论项目支付 1.5 万美元的费用，并与欧林团队一起制定项目讨论议程，邀请企业的企划专员在会上作相关展示。此外，各成员企业还可以邀请其主要客户群旁听，整个过程都会得到欧林学生团体和教研团体的支持，实际上，欧林工学院所做的就是提供一个开放的校企共享平台。

3. 高级工程项目模式

SCOPE 是一种独特的产教融合校企合作项目，也是所有欧林工学院学生必须完成的学习任务。欧林工学院为大四学生和企业搭建合作平台，在为期一年的时间里，由企业给出具体项目要求、提供资金赞助，学生自行组成跨学科团队共同解决企业的现实工程问题来完成这个项目。这种方式既满足了企业的需求，也为学生提供了校园里体验真实的工程设计的机会，是产教融合项目式教学的典型代表。

欧林工学院的 SCOPE 有如下五个特点：第一，真实的工程项目。企业要提供实际面临的工程问题，这些问题是职业情境中要满足多种需求的真实问题，如人机界面设计、软件开发、市场战略规划等。学生既要考虑工程的设计原理和方法，也要具备商业化思维、考虑市场需求，以实现企业诉求为解决问题的最终目的。第二，团队合作。项目需要学生团队合作完成，每个团队由不同专业的 5—7 名大四学生组成，部分项目还有百森商学院学生的加盟。跨学科团队能从不同专业视角思考问题，并提供兼具技术可行性、市场增值性等一系列创新解决方案。第三，双导师制。每个团队都配有一名学校指导老师，监督项目开展情况，并保证学生团队能够顺利使用学校的各项资源；此外，欧林工学院还为每个团队指派了一名"天使导师"，即企业导师，他们都有着深厚的工程背景和组织开展大型工程项目的丰富经验。为了保证项目的顺利进行，无论是学校导师还是企业导师，都会给予学生团队充分的指导和帮助，学生团队和校方与企业方在项目开展过程中有着完善的交流沟通机制。首先，学生团队的项目主管每周都要向企业提交项目进度报告，以确保项目达到每个阶段的预期目标；其次，团队每两周要举行一次设计讨论会，学生在讨论会上展示项目的设计思路和进度，得到学校导师、企业导师以及其他团队给予的有效反馈，进而对项目进展中存在的问题及时进行改进；最后，项目有中期展示和终期展示，学生团队还需向赞助企业提交成果报告，以确保项目的顺利完成。第四，全方位支持。在学校方面，欧林工学院为学生团队除配备指导教师外，还给予每个团队使用学校各项实验设施和资源的权利，包括学校的专业实验室、精密仪器车间和设施齐全的工作室；并为学生团队提供相应的培训，以帮助其解决项目开展过程中遇到的问题。在企业方面，合作企业为每个项目提供 5 万美元的资金赞助，为每个学生团队配备技术和市场专家作为指导教师，为学生团队提供必要的工程技术和市场分析等专业知识的支持，并在团队需要时协助他们使用相关的企业资源；给予学生使用所需的硬件和测试设备的权限；同时，还为学生团队提供项目背景信息并使学生知悉该项目如何能为企业创造效益；企业甚至还为团队的学生提供了潜在的就业机会。[①]

自欧林工学院开始招生至今，SCOPE 涉及机械、信息、电子、能源等广泛的领域。目前已与来自全美各地的很多不同类型的企业或研究院所建立了合作关系，其中不乏 IBM、微软、波音这样的世界 500 强企业，亦有 MIT 林肯实验室、布兰迪斯大学、美国陆军研究实验室等研究院所，甚至不乏 Parietal Systems 等一些新兴的中小企业。合作企业通过与欧林工学院在 SCOPE 上的合作，获益良多。一方面，由具有开创性思维的年轻人组成的跨学科学生团队给

[①] 吴婧姗，邹晓东. 回归工程实践：欧林工学院改革模式初探[J]. 高等工程教育研究，2013（1）：40-45+70.

企业的实际问题带来了不一样的视角，提出了具有创造性的解决方案，为企业开拓思路、创造价值，而且企业完全保有合作项目成果的知识产权；另一方面，学生与企业的接触使得合作企业能够更早、更细致地了解欧林工学院的毕业生，从而在招聘时有其他竞争企业不具备的优势。

4. 企业合作伙伴模式

为了给学生提供更多的接触前沿科技信息的机会，同时也为学生争取必要的奖学金支持，欧林工学院积极邀请世界各地的企业加入学院的企业合作伙伴项目（Corporate Partners Program）。对于企业而言，通过企业合作伙伴项目，它们能够接触到新一代富有灵感的年轻的技术革新者，吸收他们的新思维为己所用，同时，借此机会与学校的师生员工建立良好的联系，在欧林工学院校园内形成自己的品牌效应。多年来，欧林工学院吸引了众多企业加入其合作伙伴计划，共同推进工程教育的进步。

具体而言，欧林工学院的合作伙伴为各类企业提供了以下不同的合作方式：一是设立以企业命名的奖学金，每年 5000 美元。若赞助企业有意，欲参加欧林合作实验室项目中为期一周的"夏季研究院"的外校教师也可申请相应的经费来支持他们在欧林工学院的行程，但前提是他们能够证明自己所在学校支持欧林工学院所倡导的工程教育改革。二是赞助 SCOPE，每年 5 万美元。三是成为欧林创新实验室的赞助企业。四是加入欧林合作实验室项目，每年赞助 5 万—10 万美元。五是资助欧林的相关研究项目。

（三）对我国高校的启示与借鉴

欧林工学院合作教育的声誉不断扩大，得益于其勇于创新的改革理念和切实可行的实践路径，这使得学生、学校与合作单位之间多方共赢的局面长久保持。我国目前正处于第四次工业革命的重要阶段，培养适应社会需求的高水平创新创业人才已成为迫切需求。欧林工学院合作教育的做法实质上是一种新的产教融合模式，这种模式综合运用高校、企业以及科研院所等在人才培养方面的优势，将理论知识讲授同实践经验获取、科研实践的训练进行有效结合。这种教育模式实现了高校与社会需求的合理对接，提升了人才培养质量，更好地服务于经济社会发展。这种模式既有科教融合的元素，又有校企合作的元素；它超越了我国高职院校产教融合的传统模式，将行业企业的需求转化为高校的科研项目，将工程实践作为企业科技创新的深化，在本科院校成功运作，对我国本科高校教学改革有着重要的启发意义。

1. 充分挖掘企业优质资源，注重学生的项目体验式学习

合作教育属于经验性学习范畴，其核心在于让学生通过在企业中的实践经历来成长和发展，进而在实践中反思、学习和提升。欧林工学院将实践教学作为培养学生能力的主要路径，项目训练则是实现这一目标的关键载体。从大一入学起，学生就投身于项目实践中，大二时则进入更为精细的微型项目设计阶段，直至大四参与 SCOPE，形成一个贯穿大学四年的循序渐进的项目体验式教学体系。欧林工学院充分利用其与企业建立的紧密合作关系，倾力构建"校企融合的教学工厂"，为学生提供了大量项目训练机会和其他实践途径。通过这些实践，学生不仅能够提升实践能力，还能够积累解决复杂问题的宝贵经验，并在不断的行动与反思中成长为具有创新创业精神的高素质人才。

2. 合作模式多样化，合作领域持续拓宽

欧林工学院合作教育的模式丰富多元，各种模式间相互融合、相辅相成，全面有效地开拓了多方共赢的合作教育的新局面。学院的合作伙伴不仅涵盖各种企业层次，既有世界 500 强企业，也有充满活力的初创小微企业，同时还有兄弟院校、研究机构、国家实验室等多类型组织。这种多样化的合作网络，旨在满足学校对于人才培养的多元化需求，通过与不同背景和特色的合作伙伴开展针对性的合作教育，更加精准地塑造学生的专业能力和综合素质。此外，合作教育的领域也在不断拓展，从传统的工程学科逐步延伸至工农业、军事科学、社会管理等多个领域，展现了学院跨学科合作的广阔视野和深远影响。

3. 满足企业需求，建立稳固的合作关系

欧林工学院能够吸引越来越多的知名企业加入到合作教育中，主要缘于学校充分考虑企业的需求，与企业形成优势互补，充分发挥为企业服务的功能。学校不仅为企业贡献专业技术和创新思维，提供了潜在的高素质人才，还通过深度合作促进了企业在技术研发、产品创新及市场拓展等方面的共赢局面。企业得以借助学校的科研力量解决技术难题，利用学生的新鲜想法激发产品迭代，同时在校企联合项目中发掘并培养未来行业领袖，从而增强企业的核心竞

争力和持续发展动力。当然，欧林工学院合作教育的有效开展使利益相关者共同受益，实现了学生、学校和企业多方共赢的局面。学生通过合作教育的方式，将理论知识运用到实际工作中，不仅明显提高了实践能力，而且积累了宝贵的工作经验，为他们顺利就业奠定了坚实基础；学校则通过合作教育这一平台，能够及时了解企业对人才的需求以及对学校教育教学的最新要求，从而有针对性地调整和优化课程设置，引入行业前沿知识，改革教学方法，培养出更加贴切市场需求、具备高度创新精神和实践能力的高水平创新创业人才。这样的合作教育模式，不仅加深了学校与企业之间的相互理解和信任，还使得合作关系建立在更加稳固和长远的基础上，展现出旺盛的生命力和广阔的发展前景，真正实现了教育链、人才链与产业链、创新链的有机衔接。

4. 建立专门的合作教育协调机构，推进合作教育制度化

欧林工学院的合作教育实践表明，为了有效发展并维护学校与各类合作伙伴之间的稳固关系，同时确保学生能够顺利且有效地参与合作教育活动，学校必须设立一个专门的合作教育协调机构，并配备一支专业的管理团队。这一机构和团队的核心职责包括：精心遴选并管理学校的合作伙伴，涵盖企业、政府机构、非政府组织等多个领域；严格审查学生参与合作教育的资格条件；实时跟踪并了解学生参与合作教育的进展状况，确保合作教育的课堂教学与课外实践活动能够有序衔接、协同发展；公正评估学生在合作教育中的综合表现；高效协调合作教育的校内导师与企业导师，充分发挥双方导师的协同作用，共同助力学生成长成才。通过这些举措，欧林工学院成功推动了合作教育的制度化进程，为培养具有实践能力和创新精神的高素质人才奠定了坚实基础。

二、德雷塞尔大学合作教育的实践与启示

德雷塞尔大学是美国一所私立大学，成立于1891年，是费城三大名校之一。该校连续多年被《美国新闻与世界报道》评为"最佳美国大学"，这与其富有特色的合作教育密切相关。本部分以德雷塞尔大学为例，深入分析其合作教育的运行模式和内容，为我国高校有效开展产教融合的合作教育提供有价值的实践参考。

（一）德雷塞尔大学合作教育的发展历程

合作教育理念最早由美国辛辛那提大学的赫尔曼·施奈德教授于 1906 年提出。施奈德教授提出合作教育的初衷是培养应用型工程师，他认为，尽管学生在实验室可以接触到工程技术理论，但如果不将其应用到实际工作环境，这些理论对他们来说仍然是空洞的概念，于是他倡导以课堂和工作实践交替学习的方式，促使学生将理论与实际相结合。①

早在 1919 年，德雷塞尔大学便秉承理论学习与工作经历结合的教育理念，开始积极探索合作教育模式。该校合作教育的核心目标是通过"学习"和"实践"相互交织、螺旋上升的方式，将学生的理论知识与实践技能、思维训练与实践训练紧密结合，同时鼓励学生将工作中遇到的问题带回课堂，以推动学校教与学的深化。如今，德雷塞尔大学的合作教育已成为美国历史最悠久、规模最大且备受推崇的教育模式之一，在宾夕法尼亚州排名第一，全美位列前三。已有超过 1500 家企业、政府部门和研究机构与该校建立了紧密的合作关系，为学生提供与学业相关的实习机会，使学生在真实的工作岗位上积累宝贵的工作经验。

与一般的实习工作相比，合作教育具有显著的不同之处，主要体现在以下几个方面：一是合作教育的工作周期更长，通常为 3—6 个月，而普通的实习工作往往只有 2—3 个月；二是合作教育提供的是带薪实习职位，而很多普通实习是无偿的；三是合作教育的工作内容通常与学生的专业紧密相关，而普通的实习有时可能与所学专业无直接关联；四是合作教育是计入学分并会体现在学生成绩单上的，而普通实习对于完成学业来说并非必要。②

（二）德雷塞尔大学合作教育的运作方式

合作教育的最显著特征在于其学习学期与工作学期交替进行的模式，且工作学期之前必须经历充分的学习学期准备。与多数学校的做法不同，该校的合作教育项目不仅计入学生的学分，而且与毕业要求直接相关。这一做法的显著成效是，该校约有 1/3 的毕业生在尚未正式毕业时就已经通过合作教育项目获

---

① 贾卫辉. 加拿大滑铁卢大学合作教育研究[D]. 华南理工大学，2012.
② 姜静青. 加拿大产学合作教育及其对我国高校实习制度的启示[J]. 辽宁教育研究，2008（4）：102-104.

得了企业的全职工作邀请。对于本科生和研究生而言，德雷塞尔大学的合作教育在运行模式和申请标准上存在差异。

1. 本科生合作教育的运行模式与申请标准

合作教育通常采取 6 个月为一个周期的模式，学生在一学年内交替进行课堂学习与工业企业实践。针对本科生，学校提供两种合作教育项目选择——"五年三次"和"四年一次"，学生可以根据个人需求和意愿自由选择参与，具体细节如表 6-1 所示。

表 6-1　本科生合作教育项目运行模式

	"五年三次"合作教育项目				"四年一次"合作教育项目			
大二	○	○	●		大二	●	●	●
大三	○	○	●		大三	○	○	●
大四	○	○	●		大四	●	●	毕业
大五	●	●	●	毕业	—	—	—	—

注：●为在校学习，○为企业工作

（1）"五年三次"合作教育项目

学生在第一年和第五年需要完成三个学期（每学期为期 10 周）的课程学习，从第二年至第四年，学生将遵循半年学习、半年工作的模式，持续三年。如果学生希望在毕业前积累更多不同企业的工作经验，就可以选择参与总时长为 18 个月的合作教育项目。

（2）"四年一次"合作教育项目

学生在大一和大二期间全面投入学习，进入大三秋季学期后，将为期半年的岗位工作实践，工作结束后，学生将返回校园，直至毕业。

本科生合作教育项目的申请条件包括：申请人必须是本校全日制在校学生；在合作教育项目启动前的两个学期内，学生需要修满至少 24 个学分；职业发展中心为所有有意参与合作教育项目的学生提供了一门必修课程 COOP 101，成功获得该课程的学生是开始合作教育项目的先决条件；学生还需确保每学年通过足够的课程学习来积累必要的学分（表 6-2），否则无法晋级至下一年级，进而失去申请合作教育项目的资格；在合作教育项目正式开始的前两个学期，学生需参加一个预登记会议，会议将对学生的申请资格及简历进行审核。审核通过后，学生即可着手寻找并申请合适的合作教育项目。

表 6-2　本科合作教育项目各学年学分要求

五年合作教育项目		四年合作教育项目	
年级	学分要求	年级	学分要求
大一	0—39.5	大一	0—39.5
大二	40—70	大二	40—96
大三	70.5—96	大三	96.5—129.5
大四	96.5—129.5	大四	130—999
大五	130—999		

2. 研究生合作教育的运行模式与申请标准

德雷塞尔大学已将实践教学的传统扩展至研究生教育阶段，该模式与本科生的合作教育模式有相似之处。在读研究生通过合作教育可以获得与其专业领域相关的全职工作机会，并且工作完成后将获得相应的学分。研究生合作教育模式分为两个时长：一个是 6 个月，另一个是 3 个月，可能对应于夏季或秋季学期，具体开始时间分别为 6 月或 9 月，具体安排如表 6-3 所示。

表 6-3　研究生合作教育运行模式（2014 学年）

种类	模式	周期时长	工作时间
第一种	夏秋	6 个月	2014.06.23—2014.12.12
	秋冬	6 个月	2014.09.22—2015.03.20
第二种	夏季	3 个月	2014.06.23—2014.09.05
	秋季	3 个月	2014.09.22—2014.12.12

研究生合作教育项目的资格须经研究生学业办公室确认，学生在开始合作教育项目之前要修满 24—34 个学分。国际学生要至少完成 9 个月的研究生学习方可申请。未列入研究生合作教育项目计划之列的学生，若想参加，需向研究生学业办公室提交完整的项目申请表并征得同意。此外，申请者的 GPA 至少要达到 3.0，某些专业要求更高。母语非英语的国际学生需提供能明其商务英语运用能力的材料。在工作学期，获得合作教育项目资格并得到全职工作机会的学生，每个季度还要参加一个 3 学分的合作教育项目课程。该课程将在工作开始前为学生分配项目指导老师，学生要与项目导师保持密切联系，并在每个季度末提交手写项目报告。该报告应系统反映工作学期的情况，并与前期课堂学习内容相关联。报告将由项目导师进行评审，未通过者将由所在院系决定弥补措施。

（三）德雷塞尔大学合作教育的项目类型

德雷塞尔大学主要开展了四种类型的合作教育项目。除了创业型合作教育项目只针对本科生开放外，国内合作教育项目、国际合作教育项目、研究型合作教育项目均面向全校所有学生。

1. 国内合作教育项目

越来越多的学生选择参加费城地区以外的合作教育项目，并且都是一些与其专业相应的产业较为发达的地区。如时尚设计专业的学生选择去纽约，电影工业专业的学生选择到洛杉矶，政治专业的学生则选择华盛顿作为目的地。同时，很多非本地的大型公司或机构为德雷塞尔的学生提供了工作的机会，比如微软、亚马逊和美国宇航局等。通过这些遍布全国的合作教育项目，学生能够在毕业前适应各地不同的工作环境，增长见识，拓宽就业渠道。

2. 国际合作教育项目

相对于国内合作教育，国际合作教育为学生提供了去国外工作的机会。目前，德雷塞尔大学的海外实习基地已涉及五大洲的 16 个国家。在国外实习的经历有助于提高学生日后求职竞争力，使其简历更具吸引力。同时，学生在不同的国家工作，能够感受到不同的文化，并开阔视野；不同的环境既带来文化上的冲突，也能促进学生对国际背景下企业运作机制的深入理解。

3. 研究型合作教育项目

除了在企业实习外，针对那些对研究工作感兴趣的学生，或那些想获得自己所在领域更多知识的学生，特别是准备继续攻读硕士学位的学生，德雷塞尔提大学供了研究型合作教育项目。在此类合作教育中，学生有机会跟随德雷塞尔大学的导师工作，以获得实际的研究经验。各院系可通过职业发展中心申请资金支持研究型合作教育项目的运行，这些经费每年分配给 25 位老师，他们长期从事科学研究且愿意指导有兴趣攻读硕士学位的本科生。学生可以申请在校内或外校参加研究型合作教育项目。

4. 创业型合作教育项目

为培养学生的创业精神，查尔斯·D. 克洛斯学院与职业发展中心合作，支持学生将其自主创业项目作为合作教育项目来完成。与其他在企业或机构工作的学生相似，参与此项目的学生将获得 1.5 万美元的资助，这笔资金可作为未来发展其企业的资本，也可只作为个人薪水。在此项目中，学生将获得资深企业家或企业管理人员的指导，项目开始前导师和学生会制定项目目标，并定期提供月度进展报告。但此项目的名额较少，通常一个学年资助 5 个创业型合作教育项目。

（四）合作教育的课程

为了使学生能够更好地参与合作教育，职业发展中心开设了专门课程，旨在传授求职技巧、合作教育的参与方法，并重点培养学生的"软实力"，如交流沟通、团队协作、职场适应等能力。主要代表课程有以下 3 门。

1. COOP 101：生涯规划及职业发展

COOP 101 课程为期 10 周，课程内容主要围绕职业规划及求职技巧展开，涵盖职业目标定位、简历制作、有效求职策略、面试技巧、当代职场以及职场交流等主题。该课程的主要目的是使学生在项目开始前做好充分准备，顺利通过这门课是申请合作教育项目的必要条件。

2. COOP 001：参加合作教育的要领

COOP 001 是针对已经掌握 COOP 101 课程技能的学生设计的进阶课程。该课程是在 COOP 101 课程基础上为学生讲授更高层次的求职技巧，特别是高水平的简历制作以及如何在面试中有效展现已有工作经验。

3. COOP 250：提升职业能力和技巧

COOP 250 课程主要教授更进一步的职业发展和求职技巧，该课程面向经职业发展中心推荐的学生开放。

（五）合作教育的成效分析

开展合作教育的初衷是让学生在校学习与社会实践紧密结合，将课堂所学知识运用到实际工作当中。事实上，德雷塞尔大学合作教育的有效开展，使得利益相关者共同受益，实现了学生、学校和企业的多方共赢。

学生是合作教育最大的受益者。学生通过工学交替的方式，将课堂学习的理论知识运用到实际工作之中，不仅提高了实践能力，而且积累了宝贵的工作经验，为毕业后顺利就业奠定了坚实基础。具体来说，他们有两方面收获：一方面，促进了个人的成长发展。参加合作教育的学生能够认识到通过"学习—工作—再学习"的循环，可以加深对所学专业的理解，培养专业兴趣，学会从专业的角度审视业界，提前适应商业规则，从而更加明确学习目标，为自己的知识结构和综合素质做好储备，实现全面发展。另一方面，积累工作经验，拓展了就业渠道。合作教育不仅使学生获得职业体验和训练，更使他们获得了有价值的工作经历，帮助学生在毕业前建立广泛的社会网络和职业联系。参加合作教育的学生有机会在世界各地的知名企业工作，提前接触到了业内的优秀公司，在获取工作资格的过程中培养了创新精神和创新能力。这不仅开阔了他们的国际视野，还让他们学到了各国企业的先进技术、文化和管理经验。多数学生在6个工作学期内会选择不同的职业、尝试不同的经历，并建立毕业后求职的联系，这些都是他们将来就业的有利条件和竞争优势。此外，学生在企业的工作是有偿的，雇主要根据学生的工作时间和表现支付工资，这大大改善了他们的生活条件。

学校通过合作教育，可以及时了解企业对人才的需求以及对学校教育教学的要求，有针对性地调整和完善人才培养方案，不断更新教学内容，改革教学方法，着力培养能够满足社会需求的高水平创新创业人才。同时，合作教育促使高校及时掌握就业市场的动态，不仅为学生提供了就业指导咨询，还为企业输送了受欢迎的毕业生。

对企业而言，合作教育不仅使企业获得了高素质且成本相对较低的劳动力，还能让企业挑选出符合自身需求的人才。企业把合作教育看作人力资源工作的一部分，在合作教育过程中表现出色的学生有机会成为企业的"潜在员工"。录用这些表现优秀的学生，不仅能让他们迅速进入工作角色，节省企业的培训成本，还能有效降低人才选拔的风险。

（六）合作教育对我国高校教学改革的启示

我国目前正处在产业转型升级的关键时期，培养能够适应市场快速变化的高水平创新人才已成为当务之急。德雷塞尔大学的合作教育经验为我国解决高校毕业生就业难、技术技能人才供给不足，以及产业加速转型升级与高级技术技能人才匮乏的矛盾提供了宝贵启示。

第一，延长工作学期持续时长，优化工作与学习交替机制。我国当前产教融合、校企合作中，学生工作时长普遍较短，导致学生难以深入了解产业链的各个环节，同时未能给企业带来显著效益。因此，适当延长学生的工作时长显得尤为必要。工作与学习交替是理论与实践相结合的关键，而我国的工作环节往往安排在高年级而且是所有学习环节完成之后，交替进行的缺失和衔接不畅使得合作教育效果受限。科学安排工作与学习之间的交替，可使学生在实践工作中及时消化课堂知识，并将其转化为实际能力。

第二，强化学生岗前培训，助力其快速适应职场。在我国合作教育项目启动前，学生课堂学习主要聚焦于专业基础知识，缺乏管理沟通、求职技巧、职场技能等方面的培训，导致学生在工作中难以迅速适应新环境。学校应有针对性地加强学生的岗前培训，帮助他们做好向职场人转变的充分准备。

第三，扩大合作伙伴范围，推动合作教育国际化。学校应竭尽所能为学生提供数量充足且质量上乘的工作机会。虽然我国合作教育的合作伙伴已遍及全国，但大多以本省为中心向外拓展，国际合作伙伴相对较少。在全球化背景下，我国应积极拓展国外合作教育对接项目，选派优秀学生赴国外实习工作，这不仅能拓宽他们的国际视野，还能让他们学习到国外先进的工作理念和技术。

第七章　跨界融合：高水平工科行业特色高校教育改革新方向

高水平行业特色高校在引领行业发展、服务国家战略需求、建设科技强国等方面发挥着重要作用，是"双一流"建设的主力军，对国家"双一流"建设的成败具有决定性影响。然而，当前行业特色高校在"双一流"建设中仍面临诸多挑战，表现为大而不强、多而不精，主要存在以下"五个不足"：一是科研与教学融合不足。传统科教分离体制导致两者未能有效整合，难以共同支撑人才培养。二是学科交叉融合不足。传统优势学科改造升级缓慢，基础支撑学科发展滞后，新兴交叉学科培育能力有限。三是专业教育与通识教育融合不足，通识教育薄弱与专业教育过窄导致学生知识面狭窄、适应能力不强、跨界整合能力匮乏。四是人才培养与行业企业融合不足。高校与行业企业联系弱化，校企合作机制不稳定，人才培养与企业需求存在不对称。五是国际合作不足，国际高校间强强联合共同解决问题、应对共同挑战的合作尚待加强。这些不足导致行业特色高校培养的学生在解决复杂问题、开阔国际视野以及高阶思维能力等方面存在不足，难以支撑国家创新驱动发展战略。

跨界整合能力是拔尖创新人才的核心素养，不仅是创新能力的基础，更是一种综合性的高阶思维能力。缺乏跨界整合能力，将严重制约创造能力的发挥。跨界融合不仅是STEM教育理念的核心要义，还是中国高水平行业特色高校改革发展的必然趋势。因此，高水平行业特色高校如何深化"跨界、交叉、融合、创新"，培养适应和引领未来发展的新一代创新人才，是"双一流"建设的重要内容。本章将以40所高水平工科行业特色高校的"双一流"建设方案为分析对象，讨论其跨界融合方面的改革，旨在为中国新一轮高等教育改革探索新的路径。

一、研究设计

1. 关于高等教育跨界融合的研究

关于高等教育的跨界融合问题，学术界已经进行了一定的研究。现有的研究主要集中在两个方面：一方面是关于高等教育系统内部的跨界融合问题，如科教融合、学科融合、通专融合；另一方面是关于高等教育系统与外部环境的跨界融合问题，如产教融合、军民融合、跨国融合。

（1）关于高等教育系统内部融合的研究

第一，科教融合。越来越多的学者认识到教学与科研是相互依存、相互促进的。孙菁认为，科教融合是指以创新人才培养为前提，使科研与教学在形式和内容上相互渗透而形成的人才培养的新路径。[1]周光礼和黄露进一步阐释，科教融合主要包含两个方面：一方面，要求把教师的研究成果转变为课程内容、教案或讲义，为学生提供最前沿的学科知识；另一方面，强调把科学研究作为人才培养的一种有效方式，以高水平的科学研究支撑高质量的人才培养，鼓励本科生参与科学研究，培养学生的创造精神和实践能力。[2]

第二，学科交叉融合。为了应对当前许多复杂的新问题，必须打通学科专业壁垒，跨越知识界限，实现学科的交叉融合。由此，学者提出两种人才培养方式，一种是传统的基于学科的人才培养方式，另一种是基于学科交叉融合的人才培养方式。后者有利于培养批判思维和创新能力。这里所说的多学科交叉融合是指由两门及以上的学科通过相互渗透并融合而形成的一种新的综合学科体系。不同学科之间的交叉融合不是简单的叠加与拼凑，而是它们之间出现前所未有的内在的逻辑关系，促使这些学科在知识、理论、方法、技术和手段等方面相互渗透、相互融合。[3]

第三，通专融合。通识教育是面向"全人"的教育，强调的是培养"完整

---

[1] 孙菁. 科教融合：创新人才培养的新路径[J]. 中国高等教育，2012（17）：32-34.
[2] 周光礼，黄露. 为什么学生不欢迎先进的教学理念？——基于科教融合改革的实证研究[J]. 高等工程教育研究，2016（4）：48-56.
[3] 林健. 多学科交叉融合的新生工科专业建设[J]. 高等工程教育研究，2018（1）：32-45.

人格"的人本教育；而专业教育是面向"专才"的教育，强调的是某一领域的专门职业教育。庞海芍指出，通识教育与专业教育的统一体现在育人上，通识教育更强调立德树人，但专业教育也会培养团队合作、创新能力、批判思维等多方面的综合素质，只是融合在专业知识的讲授中。二者应按照"通—专—通"的路径实现融合，这样才能培养出更多创新型人才。[①]

可以看出，高等教育系统的内部融合主要是从知识与课程、教学与研究等微观层面探讨人才培养的跨界融合问题。

（2）关于高等教育系统与外部环境融合的研究

第一，产教融合。产教融合可以理解为产业系统与高等教育系统的一体化，强调通过企业与高校的深度合作协同育人。[②]李玉倩等认为，产教融合必须是跨界融合，平台的构建不仅包括政府部门、行业企业、科研院所、高校等多元利益相关者，还涉及工商注册、知识产权、财税金融等各类生产型服务机构。[③]因此，只有高等教育系统与产业系统实现双向跨界，大学才能培养出与行业企业需求相匹配的高素质人才，科技成果产业化发展、助力实体经济提质增效才能取得更好的效果。

第二，军民融合。军民融合是指在经济、科技、教育、人才等多个领域，将国防和军队现代化建设与经济社会发展相融合，形成全要素、多领域、高效益的深度发展格局。[④]张良指出，军民融合中的"军"是指军队，以及承担武器装备科研生产任务的军工企业；"民"泛指除"军"以外的国有企业、民营企业、高校、民用科研院所等单位。[⑤]吴英策和荣昶认为，军民融合已成为国家战略，党的十九大报告提出要更加注重军民融合，形成军民融合深度发展格局，构建一体化的国家战略体系和能力。[⑥]党的二十大报告强调"巩固发展军政军民团结"。作为行业特色高校，无论是具有鲜明国防特色的还是部分学科

[①] 温才妃，武悦. 通专融合要用好大类招生契机[N]. 中国科学报，2018-08-28（7）.

[②] 白逸仙. 建设一流本科重在四个融合[J]. 湖南师范大学教育科学学报，2019，18（3）：23-26.

[③] 李玉倩，蔡瑞林，陈万明. 面向新工科的集成化产教融合平台构建：基于不完全契约的视角[J]. 中国高教研究，2018（3）：38-43.

[④] 郭俊奎. 军民融合发展国家战略强军兴军[EB/OL]. http://opinion.people.com.cn/n/2015/0313/c1003-26686400.html.（2015-03-13）[2024-02-16].

[⑤] 张良. 军民融合是什么[J]. 商业观察，2019（8）：34-35.

[⑥] 吴英策，荣昶. 中国高等教育学会军民融合分支机构建设的思考[J]. 中国现代教育装备，2018（7）：65-68+80.

具有国防特色的，都是培养军民融合型人才、加强科技创新、做好军民融合发展的重要桥梁。

第三，跨国融合。全球化时代要求培养具有世界眼光、全球意识的高素质人才，需要整合国内外优质的教育资源。杜玉波指出，在全球化时代，高等教育可以为构建人类命运共同体提供强有力的人才和科技支撑。我国高校必须开放合作，与世界各国的教育部门、行业协会及高校一起开展协同创新和科学攻关，探索高校教育改革新模式和国际产教融合新模式，实现强强联合、互利共赢。[①]

可以看出，高等教育系统与外部环境融合的研究主要是从组织与管理、政策与体制等宏观层面探讨人才培养的跨界融合问题。

总之，上述研究中提到的6个方面的融合，从知识与课程、教学与研究、组织与管理、政策与体制等多个层面探讨了高等教育系统从内到外的跨界融合问题，并提出了一些富有启发意义的观点。然而，这些研究仍缺乏系统性、学理层面的深入阐述以及逻辑上的紧密联系。本章从边界效应的角度重新审视这一问题，以期在同一逻辑层面上深入探讨高等教育中的跨界融合问题。

2. 理论建构

（1）边界效应：跨界融合的理论基础

一般来说，边界是信息汇聚的交汇点，因其异质性而成为变化发生的温床，最易对传统结构进行重构并催生创新。从社会学的角度审视，边界是一个可被激活的、蕴含转型动力的社会空间；它是可获取的新资源、新生计和新的边界流动；边界是可跨越区域连接不同国家的通道。[②]然而，边界又像一堵无形的高墙，对要素跨区域的高效流动构成阻碍，进而对跨越边界的行为产生影响，此即"边界效应"。[③]边界效应理论着重讨论边界存在如何促使跨越边界的同质要素发生量变或质变。从组织角度看，跨越边界强调开放性，要求将组织与其他利益相关者视为共享资源和能力的整体，而非将其割裂开来。同时，应确保创意、信息等资源能够灵活、自由地穿越组织的边界，实现资源的快速整

[①] 杜玉波. 大学在构建人类命运共同体中的使命担当[J]. 探索与争鸣，2019（9）：5-7.

[②] 沈海梅. 近二十年国际学术界跨边界研究动态及其理论视点[J]. 西南民族大学学报（人文社科版），2019，40（9）：38-44.

[③] 王成龙，刘慧，张梦天. 边界效应研究进展及展望[J]. 地理科学进展，2016，35（9）：1109-1118.

合与灵活调动。

当前，全球信息化已步入全面渗透、跨界融合、加速创新和引领发展的新阶段。如果固守陈规，不寻求跨界创新，那么保守封闭的边界将成为资源流动的障碍，难以应对当今复杂多变的综合性问题。根据边界效应理论，大学作为开放系统，不仅应促进学科间、学院间的相互开放，还应推动校际以及学校与社会间的开放交流。特别是与行业企业紧密相连的行业特色高校，更应秉持开放办学的理念。边界效应理论不仅为解释学校内部的跨界创新提供了有力支撑，而且为学校外部跨界融合、资源共建共享提供了坚实的理论依据。因此，该理论具有极强的适切性。

边界效应为跨界融合理论奠定了坚实的基础。跨界，即不同领域跨越原有区域划分，实现相互渗透与融合，从而共享资源，创造新价值。边界效应理论强调的是协同效应和相互作用，不仅要"跨"出原有界限，更要实现深度"融"合。跨界是融合的前提，没有跨界便无融合可言。唯有跨界后，方能涌现大量新信息，进而对要素进行重组与整合，实现融合。跨越边界后，各种变化交织融合，催生出新的知识、模式、体系等。跨界融合的本质在于创新，它要求双方首先互相开放，而融合远非要素间的简单组合，而是深度交融与互动。我们所说的跨界是广义的，涵盖跨行业、跨领域、跨地域等多个维度。只有突破边际、冲出边缘的跨界融合，才能引领创新，推动大学教育形态的变革。由此可见，跨界融合已成为当今经济社会发展中最具活力的新领域，它不仅为社会的生产生活注入了新活力，更给高等教育变革带来了新动力、新方式、新前景。

（2）跨界融合的操作性定义

从边界效应理论的视角出发，前文提及的6个融合可被进一步整合为4个位于同一逻辑层面的融合概念：科教融合、学科融合、产教融合、跨国融合。为了更深入地分析高水平工科行业特色高校的"双一流"建设方案，我们特地为这4个融合概念给出了操作性定义。

在高等教育系统内部，跨界融合主要体现为科教融合和学科交叉融合。科教融合强调大学的科研和教学两大基本活动应相互融合，共同服务于人才培养目标。本章将科教融合具体操作化为两个关键方面：研究性教学和本科生科研。学科是大学的"细胞"，它既是科学研究的平台，也是人才培养的摇篮。

因此，我们将学科融合操作化为两个方面：学科知识间的跨界融合，以及跨学科专业、跨学科课程。值得注意的是，通专融合实际上是学科交叉融合的一种形式，是学科交叉融合在育人方面的自然延伸。在高等教育系统与外部环境的交互中，跨界融合则主要表现为产教融合和跨国融合。我们将产教融合具体操作化为两个方面——人才培养和科技创新，强调高校与产业界的紧密合作。此外，我们认为军民融合是产教融合的一种特殊形态，它代表了高校与国防单位之间的跨界合作。至于跨国融合，我们将其操作性定义为在人才培养和科研合作两大领域开展广泛的国际合作。

3. 方法选择

中国高等教育体系的一个突出特点是拥有众多工科类行业特色高校。然而，这些高校普遍存在的问题是优势学科过于单一，未能构建起健全的学科生态系统。它们往往仅拥有少数几个实力雄厚的优势学科，而多数学科实力不足，交叉渗透能力薄弱，新的学科生长点缺乏，学科交叉融合缺失。针对这一现状，引入 STEM 教育理念成为这类高校"双一流"建设的重要策略。STEM 教育的核心理念在于将科学、技术、工程学及数学的内容进行跨学科的有机整合，强调综合性，重视学科交叉和知识融合，以培养学生解决问题的能力、创新的能力、跨界的综合能力。①因此，以高水平工科行业特色高校为研究对象，深入探究中国"双一流"高校的跨界融合和 STEM 教育实施情况，对推动中国高校拔尖创新人才培养改革具有重要的理论价值和现实意义。

本章研究聚焦入选国家"双一流"建设的 40 所高水平工科行业特色高校，通过对其"双一流"建设方案文本进行重点分析（表 7-1），揭示其跨界融合和 STEM 教育的实践路径。这些高校从隶属单位来看，分为 3 类：一是教育部直属高校，共 25 所；二是工业和信息化部、交通运输部等部委管理高校，共 8 所；三是地方政府管理的大学，共 7 所。从"双一流"建设层次来看，其中 10 所属于一流大学建设高校，30 所属于一流学科建设高校。本章研究围绕跨界融合这一核心议题，从科教融合、学科融合、产教融合、跨国融合 4 个维度出发，系统提取文本信息，并最终采用定性与定量相结合的方法对提取的文

---

① 白逸仙，邓艳明. STEM 教育视角下我国工科行业特色型高校人才培养改革：基于 35 所行业高校本科生的实证研究[J]. 中国高教研究，2018（8）：68-73.

本资料进行内容分析。

表 7-1 40 所入选"双一流"建设的工科行业特色高校名单

序号	学校名称	隶属单位	"双一流"层次	序号	学校名称	隶属单位	"双一流"层次
1	北京航空航天大学	工业和信息化部	一流大学	21	华东理工大学	教育部	一流学科
2	北京理工大学	工业和信息化部	一流大学	22	东华大学	教育部	一流学科
3	东北大学	教育部	一流大学	23	上海海洋大学	上海市	一流学科
4	哈尔滨工业大学	工业和信息化部	一流大学	24	河海大学	教育部	一流学科
5	中国海洋大学	教育部	一流大学	25	江南大学	教育部	一流学科
6	中南大学	教育部	一流大学	26	中国矿业大学（徐州）	教育部	一流学科
7	湖南大学	教育部	一流大学	27	南京航空航天大学	工业和信息化部	一流学科
8	电子科技大学	教育部	一流大学	28	南京理工大学	工业和信息化部	一流学科
9	西安交通大学	教育部	一流大学	29	南京邮电大学	江苏省	一流学科
10	西北工业大学	工业和信息化部	一流大学	30	南京信息工程大学	江苏省	一流学科
11	北京交通大学	教育部	一流学科	31	合肥工业大学	教育部	一流学科
12	北京科技大学	教育部	一流学科	32	中国石油大学（华东）	教育部	一流学科
13	北京化工大学	教育部	一流学科	33	中国地质大学（武汉）	教育部	一流学科
14	北京邮电大学	教育部	一流学科	34	武汉理工大学	教育部	一流学科
15	华北电力大学	教育部	一流学科	35	西南交通大学	教育部	一流学科
16	中国地质大学（北京）	教育部	一流学科	36	西南石油大学	四川省	一流学科
17	中国矿业大学（北京）	教育部	一流学科	37	成都理工大学	四川省	一流学科
18	天津工业大学	天津市	一流学科	38	西安电子科技大学	教育部	一流学科
19	大连海事大学	交通运输部	一流学科	39	长安大学	教育部	一流学科
20	哈尔滨工程大学	工业和信息化部	一流学科	40	太原理工大学	山西省	一流学科

二、高水平工科行业特色高校跨界融合的数据分析

按照上述操作，笔者对 40 所高水平工科行业特色高校"双一流"建设方

案的有关文本内容进行编码，具体结果如表 7-2 所示。

表 7-2 40 所工科行业特色高校跨界融合教育改革内容

跨界融合内涵	频次（占比）	操作化定义	频次（占比）
科教融合	32（80.0%）	研究性教学	27（67.5%）
		本科生科研	11（27.5%）
学科融合	40（100%）	学科知识交叉融合	38（95.0%）
		跨学科专业、跨学科课程	14（35.0%）
产教融合	39（97.5%）	校企协同育人	19（47.5%）
		科技创新	33（82.5%）
跨国融合	40（100%）	人才培养	36（90.0%）
		科研合作	16（40.0%）

1. 科教融合

科教融合，即大学的科研与教学两种活动相互渗透、相互促进的过程，通过"教学科研一体化"的模式，实现教学对科研的促进作用，以及科研对教学的反哺作用，确保以高水平科研支撑高水平的教学活动。科教融合主要体现为两种基本形式：一是研究型教学，即基于研究开展教学，为学生营造一个问题情境，引导他们通过自主探究获得知识；二是本科生科研，即直接让本科生参与到科研活动中，凸显科研的育人功能。在 40 所工科行业特色高校的"双一流"方案中，有 32 所高校的方案（占 80.0%）涉及科教融合的改革措施。

在研究型教学方面，高校特别注重将教师科研成果转化为教学资源，以研究带动教学质量的提升。例如，北京理工大学明确提出，将科研优势转化为育人优势，将学术发展前沿及优秀科研成果及时转化为教材、教案、课程等教学内容，推进高水平教材编写；北京化工大学则强调，将学科建设成果和优势转化为人才培养的成果和优势，不断将最新成果融入教学内容当中；上海海洋大学主张，将最新科研成果形成教学案例、实验教学项目、实习项目等可固化的教学内容。

在本科生科研方面，这些高校通过科研项目训练、本科生导师制等多种方式，着力培养学生的创新能力。例如，湖南大学提出实施本科生科研能力提升计划，加大重点实验室、工程技术中心等高水平科研平台对本科生的开放力度，为学生参加高水平科研项目创造良好的环境；南京航空航天大学提出，要设立学生创新基金项目，吸收学生加入教师创新科研团队，着力培养学生的创新实践执行能力和创新科研能力；上海海洋大学更是构建了"学业指导、科研训练、创新实践和毕业论文"四位一体、四年一贯的导师制，充分发挥导师制优势，引导水产专业本科生进入导师团队，鼓励、引导和指导他们自主创设并开展研发课题。

40所工科行业特色高校的"双一流"建设方案表明，这些学校已经深刻意识到，一流大学建设高校或一流学科建设高校不仅应是科研中心、新兴学科形成中心，更应是创新人才培养的中心、科研和教学相融合的中心。然而，与研究型教学相比，仅有11所高校（占比为27.5%）明确提到了本科生科研，这表明应进一步加大本科生科研力度，让本科生在前沿领域的科学研究中提升解决问题的能力、创新实践能力、团队协作能力以及对探索未知的兴趣。

2. 学科融合

学科交叉融合是指跨越学科边界，打破学科壁垒，多领域学科之间交叉融合。学科交叉融合是科教融合的必然要求。根据学科、专业、课程一体化建设原则，学科融合包含两个层面：一是不同学科知识之间的融合，强调以科学研究为主的学科交叉，属于科教融合中科研的范畴；二是设置跨学科专业、跨学科课程，专业建设和课程建设是人才培养活动，属于科教融合中教学的范畴。在40所工科行业特色高校的"双一流"建设方案中，全部高校都提到了推进学科交叉融合。

在学科知识融合方面，这些高校都主张依托特色工科优势，通过理工融合、医工融合、人文社科与理工融合等多种学科融合方式，建成面向前沿的新兴交叉学科群。如大连海事大学提出，要"鼓励交叉融合，支持新兴学科，营造互联互补、共生共荣的学科生态，构建特色鲜明、优势突出、结构合理、充满活力的学科体系"；北京理工大学提出，要"通过医工交叉融合，努力建成面向前沿、重在交叉，服务健康医疗重大需求、独具特色的高水平学科群"；北京邮电大学提出，要建设"信息网络科学与技术学科群"和"计算机科学与网络安全学科群"两个学科群；东华大学提出，要搭建学科交叉平台，建立"三横四纵"新型学科组织架构和发展模式。

在专业建设和课程建设方面，这些高校主张紧密对接产业链和创新链，设置跨院系、跨学科专业，满足学生自主学习的需求，为开展大类招生和大类培养提供保障；通过科学教育与人文教育融合、专业教育与通识教育融合，打破原有课程的界限，涉及多个学科领域，开设跨学科综合课程，培养学生的综合素质。如西安电子科技大学提出，"依托学校现有专业优势，继续加强交叉学科专业建设，根据社会需求扶持交叉学科和就业前景较好的专业"；中国地质大学（武汉）要"建立主辅修制度，推动地球科学学院、环境学院等试点学院跨学科专业交叉人才培养"；北京化工大学提出，"建立与多学科交叉培养相适应的组织结构、课程体系及教学团队，培养面向未来的工程创新人才"；中南大学实施大类招生，建立"跨学科课程模块和人才培养模式"。

值得注意的是，40所工科行业特色高校都主张结合自身优势与特色，跨越学科边界进行多学科协同创新，构建学科生态系统，并进行以学科交叉为特征的组织模式创新。然而，在人才培养方面，这些高校虽然通过主辅修、双学位等教育形式让学生有机会修读跨学科专业和课程，但整体上仍呈现出"跨界"有余而"融合"不足的特点，跨学科人才培养体系尚未形成有机融合。

此外，通专融合作为学科融合的一个重要组成部分，是学科建设在专业课程建设方面的自然延伸。对于行业特色高校而言，通专融合旨在通过学科交叉解决学生"专业能力尚可、通用能力不强、适应性不够"的问题，以培养学生的全面发展。在40所行业特色高校中，有9所高校（占比为22.5%）明确提出了要将通识教育与专业教育紧密结合，以构建人才培养新模式。这些高校中大部分是一流大学建设高校。例如，哈尔滨工业大学提出，要优化专业课程体系，深化通识教育、专业教育、实践创新、个性发展4个方面有机融合的课程体系；北京航空航天大学则构建了以"导师制、国际化、专业化、个性化"为核心的本科通专并重的人才培养模式；中国海洋大学则强调，要推进通识教育与专业教育紧密结合、科教融合、产教融合的协同育人机制建设。当然，大部分行业特色高校在强调专业教育的同时，也并未完全忽视通识教育的重要性。

3. 产教融合

行业特色高校因具有行业办学传统而与行业企业有着天然的联系。这些高校需要与行业企业、政府、科研院所等实现互相对接，确保专业课程的设置与用人单位的岗位需求紧密相连，跨越组织界限，从而实现产业系统与大学教育系统的一体化深度产教融合。对于产教融合的特殊类型——军民融合而言，在高等教育改革过程中，必须大力加强军地双方技术、资本、信息等资源要素的整合，以培养大量掌握先进军事技能、适应现代化军事需求的高素质新型国防人才为目标，推动军民融合的深度发展。产教融合主要涵盖两个方面：一是人才培养，即大学与企业通过深度合作协同育人，包括共同确定人才培养目标、课程体系标准和评价等；二是科技创新，即在应用科研或解决重大难题时，高校与产业进行双向跨界协同创新。据统计，在40所工科行业特色高校的"双一流"建设方案中，有39所高校明确表示要积极推进产教融合改革。其中，具有鲜明国防特色或部分学科具有国防特色的高校有20所，它们均提出了积极实施军民融合的措施。

在人才培养方面，这些高校倡导学校与企业共建实习实践基地，让企业深度参与到人才培养的各环节中，以培养学生实践创新能力。比如，华北电力大学提出，实施"3+1"培养模式和研究生工作站建设，推进学校与能源电力行业部门协同育人；建立大学理事会，通过与理事单位和行业企业共同打造一批校企共建的示范性实验、实践基地，实现学生的既有能力与岗位胜任能力的有效对接。中国矿业大学（徐州）则通过与大型资源能源企业构建优势互补、项目共建、成果共享、利益共赢的人才培养共同体，各方深度参与培养方案制定、课程设置、教育教学方法改革和教学质量监控等环节。多数国防特色高校着力培养新型军事人才，并在军民融合学科体系的建设和完善的过程中，不断优化人才培养机制。例如，哈尔滨工程大学提出，深化与军事院校和研究机构、军工企业集团等战略合作，与行业建立联合培养硕士点，探索军民融合战略背景下人才培养新模式；西安电子科技大学提出，积极拓展"卓越计划"实施领域，与空军联合实施国防生"卓越计划"试点工作，在全军国防生教育培养中采取"3+1"军地联合培养模式。

在科技创新方面，这些高校强调与企业、政府共同建立政产学研用协同创新中心，以促进科研成果的转化。例如，北京理工大学提出，重点推动学校在优势领域与国内大型企业、行业龙头企业的科技合作，与企业联合建立相关领域的创新平台，推进相关成果在重点行业的转移转化；天津工业大学提出，在国内纺织产业集聚地实施"一省示范工程"，加强科研成果转化战略布局，依靠政府、学校、企业三方资源，共建产学研技研究平台，联合开展重大项目技术攻关；大连海事大学提出，组建军民融合发展研究院，发起成立船舶与海洋工程军民融合创新联盟，构建能够承担重大国防科研任务的大平台、大团队；

南京航空航天大学则提出，主动融入国家和区域技术创新体系，建立军民融合双向成果转化工作体系，供需有效对接，促进区域经济社会发展。

综上所述，行业特色高校的产教融合目前更多地体现在科研合作上。从这些学校的"双一流"建设方案来看，仅有19所高校（占比为47.5%）提及校企协同育人的内容，近85.0%的高校提到与企业合作开展科技创新。其中，国防特色高校的普遍做法是搭建国防科技协同创新平台，充分发挥军产学研等多方优势服务国家战略，促进技术交流与合作，实现资源共享、军地合力以及双向互动。这也从一个侧面反映出我国行业特色高校在整合企业优质教育资源、培养学生实践创新能力方面仍有待进一步提升。

4. 跨国融合

行业特色高校的跨国融合是指与国际高校、国际教育机构、行业协会等通过开放合作，构建国际学术共同体，进而实现融合发展。在高等教育领域，跨国融合主要表现在两个方面：一是人才培养，即充分利用国际优质教育资源，借助国际交流学习的机会，联合培养具有国际化视野的人才；二是科研合作，即联合组建国际科研组织或学术机构，实现科学研究的强强联合。据统计，40所工科行业特色高校均制定了详细的跨国融合方案。

在人才培养方面，这些高校主张加强与国外高校在教育理念和教学方法上的互融互通，以及在教育模式和课程体系上的共建与共享。比如，北京航天航空大学加入了多个国际大学联盟及学术组织，成立了40多个国际联合教育科研机构，通过课程共享、学分互认、学位互授等方式推进联合培养学生；武汉理工大学通过与国际知名大学分别开展"2+2"联合培养、"3+2"联合培养，推进国际交流基地建设；中国地质大学（北京）提出，选派优秀学生到地球科学领域世界一流大学或研究机构，学习国际前沿思维方式、科学研究方法，派遣青年教师出国研修，学习先进教学理念，提升教学能力水平。

在科研合作方面，这些高校主张建设联合研究中心，开展联合项目，并联合举办学术活动。例如，哈尔滨工程大学提出成立"一带一路"船海领域国际联合实验室和联合研究中心，发起成立和谐核电系统国际学术组织进行科研合作交流；南京航空航天大学提出，与国外高水平大学和科研机构建立国际联合实验室，联合开展拔尖创新人才培养和国际学术前沿的科学研究；中国石油大学（华东）与国外知名大学联合申报国际科技合作项目，积极参与"一带一路"国家油气技术领域科研合作,并积极主办具有国际影响力的学术会议。

总体来说,面对全球化的挑战,这40所高校都意识到了跨国融合的重要性。从它们的"双一流"建设方案不难看出,各校均结合自身特色,探索出了多样化的国际合作方式。这些高校的跨国融合实践,大致可被归纳为两种模式:浅层融合与深度融合。浅层融合,即"请进来、走出去"模式,主要是学习借鉴国际先进教育教学理念、前沿科研方法等;而深度融合,则涵盖中外合作办学、联合科研、联合培养、学分互认、学位互认等多个方面,比如让师生深度参与到国际高校的科技前沿研究中。

三、结论

本章研究发现,40所工科类高水平行业特色高校基于跨界融合理念,深入推行了科教融合、学科融合、产教融合和跨国融合的改革。具体而言:第一,有80.0%的高校针对科教融合制定了具体的建设计划,但多数高校仍停留在研究型教学的层面,对本科生科研的深入探索尚显不足。第二,学科融合受到了所有高校的高度重视,然而在学科专业课程一体化的推进过程中,跨学科的专业和课程更多只是形式上的组合,尚未实现实质性融合;在通识教育与专业教育融合方面,一流大学建设高校比一流学科建设高校更为重视通专融合,更加强调通识教育的重要性。与高水平综合性大学相比,高水平行业特色高校更强调科研层面的学科融合,对专业教育给予更多关注;而高水平综合性大学既重视科研层面的学科融合,又重视人才培养层面的学科融合,且更加强调通识教育的地位。第三,多数行业特色高校积极参与产教融合改革,但部分高校过于偏重与行业企业在科技创新和科技成果产业化方面的合作,对产教协同育人的重视度不够,仅有47.5%的高校提及此方面,且主要集中在一流大学建设高校。实际上,人才培养应被视为产教融合的初心和使命。第四,所有高校都强调跨国融合在教育改革中的重要性,主张秉持"扎根中国、融通世界、面向未来"的原则,通过浅层融合和深层融合的多种方式,全面实现跨国融合的目标。总之,尽管高水平行业特色高校对这4个融合均表示高度认同,但不同类型的高校对它们的理解却存在差异。一流学科建设高校对科教融合和通专融合认同度相对较低,这可能与它们的优势学科的单一性有关;同时,一流学科建设高校对产教融合的理解,更侧重于科研合作,而非人才培养。

从开放系统角度来看，跨界融合主要包含两个层面：一是高等教育系统内部的跨界融合，二是高等教育系统与外部环境的跨界融合。高等教育系统内部的跨界融合，即学校内部的跨界合作，如教学活动与科研活动的融合、学科与学科之间交叉融合、通识教育与专业教育融合等，旨在解决大学内部两种核心活动的整合问题，从而培养出拔尖创新人才。科教融合、学科融合、通专融合都属于这一范畴。高等教育系统与外部环境的跨界融合，则是指学校与外部部门机构之间的跨界合作，如学校与行业企业、科研院所的跨界，与军工企业、军队的协作，以及与国外高等教育机构的交流等。产教融合、军民融合、跨国融合都属于此类。跨国融合可以被视为跨界融合的大环境、大背景，它为行业特色高校走出"象牙塔"、连接世界、实现校际及国际跨界，为科教融合、学科融合、产教融合构建了一个开放的生态系统。

当代高等教育改革的新方向在于实现校内跨界与校外跨界的有机统一，以此真正解放学生、培养学生的跨界整合能力。跨界融合的本质在于创新，其哲学基础源于边界效应。边界效应强调，创新往往源自异质性元素的重新组合。因为大量的创新活动发生在边界地带，跨越边界后，各种产生的变化能够进行不同的组合与交融，从而催生新的知识、新的模式、新的体系。

综上所述，高水平行业特色高校唯有通过跨界，才能实现突破和创新；唯有通过融合，才能有效整合资源；唯有通过跨界融合，才能满足国家重大战略需求，顺利达成"双一流"建设目标。事实上，跨界融合不仅是工科类行业特色高校 STEM 教育的必然要求，也是全球高等教育改革的新趋势。随着互联网、人工智能、区块链等颠覆性技术的涌现，高等教育必须致力于培养学生的跨界整合能力，这是高阶思维能力的重要基础。在此背景下，高等教育需要进行战略性调整，从基于学科的教育向跨学科教育转变，跨界融合应成为高等教育改革的新地标。

第八章　科教融合：一流人才培养的制度设计

党的二十大报告提出，要坚持教育优先发展、科技自立自强、人才引领驱动，加快建设教育强国、科技强国、人才强国，坚持为党育人、为国育才，全面提高人才自主培养质量，着力造就拔尖创新人才。第二轮"双一流"建设方案重申拔尖创新人才培养的目标是造就具有历史使命感和社会责任心，富有创新精神和实践能力的各类创新型、应用型、复合型优秀人才。培养高素质的拔尖创新人才迫切需要加大基础学科的人才培养力度，融合文、理、工科专业，实现课程的综合化以及教学的差异化、个性化。尽管近年来人才培养不断强调借助大学组织的外溢性，依托行业企业，形成产教融合、创新创业的人才培养外循环，但更为重要的是需要依托组织内部高水平的学科专业建设，形成科教融合、教研一体的人才培养内循环，使二者平衡兼顾。

科教融合作为大学精神的重要组成，学界长期以来将其视为人才培养理念。问题在于，如何将人才培养的理念转化为人才培养模式的具体制度设计，这不仅需要从科教融合的概念缘起分析其内涵，而且需要梳理其概念中的制度性要素，从而形成有利于改变当前人才培养模式变革的制度创新，为一流人才培养选择适合的变革路径。

一、科教融合：理念的制度化

（一）科教融合源于知识探究

科教融合的本质就是学者在"科研-教学-学习"的连续体中，进行知识的发现和传授。科学研究作为探究过程的整体，一端是抽象的、形而上的非物质性环境，另一端是具体的、经验性的环境。在这个连续体中，既包含一般性的陈述，也涵盖具体的、特殊的陈述；既有形而上的要素，也有经验性的要素。不同学科中的概念、定义、命题的差异反映了特定陈述与一般陈述之间的差异程度①。

若将学术探究看作人类通过经验世界检验一般性预设的周而复始的过程，那么知识传授便以两种主要方式呈现：一方面，它以概念、定义、分类、规律等相关的显性知识的形式，通过文本、符号、图像资料的方式进行传递和保存；另一方面，对知识的假设、怀疑、批判和反思的态度，则主要作为一种隐性的知识领悟，这种领悟唯有通过参与探究的过程才能获得，成为个体独有的缄默经验和感受。

相较于显性知识而言，知识探究的结果只能部分地体现在显性知识之中，而复杂的、曲折的探究过程则无法完全复演②。因此，科教融合的合理性在于它最贴近科学探究的真实经历，使师生通过构建学术共同体的方式实现显性知识与隐性知识的交互，使参与其中的教师和学生兼具知识的生产者和传播者的双重角色，从而基于学术探究形成共同的学术身份认同和价值共识。

（二）科教融合源于大学理念

洪堡创立的柏林洪堡大学为现代大学奠定了科教融合理念的学术基础。洪堡认为，高等学术机构的特点在于它总是把学术视为尚未解答的问题，因而始终处于探索之中。在高等教育机构中，教师不仅服务于学生，教学和科研也都是为学术而探求真理，并在合作的过程中激发创造性③。人才培养不再局限于培养具有精英主义色彩的神职人员和政府官员，而是在人文主义的关怀下致力于沟通个人修养和学术，培养有知识和全面发展的人，有独立人格和自由精神的人④。约翰·霍普金斯大学的首任校长吉尔曼（D. Gilman）曾提出，大学应

---

① 理查德·斯科特. 制度与组织：思想观念与物质利益[M]. 姚伟，王黎芳译. 北京：中国人民大学出版社，2010：72.
② 潘洪建. 知识形式：基本蕴涵、教育价值与教学策略[J]. 课程·教材·教法，2014，34（11）：40-45+56.
③ 转引自伯顿·克拉克. 探究的场所：现代大学的科研和研究生教育[M]. 王承绪译. 杭州：浙江教育出版社，2002：27.
④ 周光礼，马海泉，等. 科教融合 创新育人：科学研究如何支撑高质量的本科教育[M]. 杭州：浙江大学出版社，2014：17.

该是一些机构的组合，这些机构的作用就是传授知识、训练学者，同时创新知识，教学与研究应相互促进、相辅相成，现代大学必须追求二者共赢。吉尔曼认为，大学的人才培养目标是培养具有良好品格的人才，是为社会造就一批可以投身各行各业、兼具明智、思想和引领示范作用的人才。[①]

然而，现代研究型大学愈发强调科研和纯粹的科学学术，导致对教学的投入和关注有所下降，科研与教学之间的矛盾愈发凸显。博耶认为，学术是相互关联的统一体，探究、整合、应用、教学是完整学术活动的4个环节。教学学术作为一种学术活动也具有发现知识、整合知识、应用知识的特征，但其主要作用于教学实践，具有学科专业与教育实践的双重属性[②]。至此，博耶对教学学术的定义是对科教融合理念的一次超越，颠覆了传统观念中科研与教学的二元对立，从认知层面提升了对科教融合本质的认识，使其不仅具有学术传统的合法性，更具有超越时代的合理性。

（三）科教融合源于大学组织

科教融合在大学组织中发挥着重要作用，主要体现在两个方面：一是科研与教学机构在组织中的排列组合形成的耦合关系，二是不同高等教育体系和传统对组织结构的影响。克拉克指出，20世纪90年代以来，根据学术研究与教学融合的关系程度不同，科教融合在大学内部的组织形式按可被划分为四类：强联结——包含不同的专门性研究群体以及广义的共同教学群体的机构；相关联结——院系与大学内部研究所构成的教学和研究互动的组织结构；独立联结——院系和大学外部研究所构成彼此独立运行的组织结构；弱联结——有限的研究活动，对高级的探究和启发的教学提供有限支持的组织。[③]

其中，强联结和弱联结分别对应极端的研究型和教学型的学系组织。相关联结主要针对英美高等教育体系中的"立式"大学结构，其学系和研究生院（研究中心）的设置将本科生与研究生培养分为彼此衔接的两个阶段：本科教

[①] 周光礼，马海泉，等. 科教融合 创新育人：科学研究如何支撑高质量的本科教育[M].杭州：浙江大学出版社，2014：18.

[②] 转引自朱炎军. 教学学术视角下的高校教师发展：来自美国的经验[J]. 外国教育研究，2017，44（3）：58-70.

[③] Clark B R. The modern integration integration of research activities with teaching and learning[J]. Journal of Higher Education，1997，68（3）：241-255.

育旨在培养通才,注重自由教育,培养学生的理性和思辨能力;研究生教育则以教学融合的科研为中心,将探究的态度更广泛地融入专业学习。独立联结主要代表欧洲大陆高等教育体系,以德国和法国的高等教育"卧式"组织结构为典型。在这些国家,大学教育的第一阶段包括本科和硕士的训练,后续的人才培养则由大学组织外部的独立科研院所承担,学者、专职研究人员和学生必须跨越彼此的组织边界,形成科研与教学的联结[①]。因此,英美体系强调在大学内部通过纵向的人才培养形成教学融合的组织架构;而以德法为代表的欧洲大陆体系重视在大学与研究机构间架设横向的人才培养桥梁,形成科研与教学融合的组织框架。

（四）科教融合源于教学学术

科教融合需要以教学学术为支点,一方面强调提升教师的教学学术能力,包括课程开发、教学设计与资源整合的能力;另一方面,教师个体行动需要与大学组织互动,共同营造有利于科教融合的课程与教学环境,并推动相应的制度改进与内部激励机制,以促进教学学术的发展与评价。传统上,科教融合通过教学科研实验室（teaching-research laboratory）、教学科研研讨班（teaching-research seminar）和论文研究（dissertation research）等方式实现对接。当前,科教融合更强调研究型学习,并在教学中渗透以探究为核心的教学学术。Healey提出,进行科教融合的教学实践应遵循如下原则:将研究数据和结论融入教学;培养学生鉴赏本学科研究的能力;提升学生的研究技能;通过作业提升研究参与能力（文献综述、申请课题、撰写研究提要、分析现有数据、参加学术交流等）;利用教学过程模仿研究过程（基于项目学习的模块、基于问题解决学习的模块、论文撰写的模块等）;提供作为研究助手亲身参与科研的经历;提供学生参与商业咨询的经历（实习、顾问助理等）[②]。Griffiths认为,课程与教学环境的创设受组织耦合的影响,主要集中在以科研为导向的教学和教学融合的科研两个方面:前者强调理解知识生产的过程,教学注重传授科研方法和态度,以教师为中心,以科研为主导,教学融入其中;后者则围绕探究活

---

① 伯顿·克拉克.探究的场所:现代大学的科研和研究生教育[M].王承绪译.杭州:浙江教育出版社,2001:27.

② Healey M. Linking research and teaching to benefit student learning[J]. Journal of Geography in Higher Education, 2005, 29（2）: 183-201.

动设计，师生共同探究成为学习的重点，以学生为中心，科研和教学的互动得到充分安排和利用，以教学为主导，科研融入其中[①]。此外，组织环境的认同感和参与度对大学组织教学学术的建构有直接影响，大学内部教师的发展路径、激励措施与评价反馈机制为教学学术发展提供可参考的效标，比如美国各学科协会逐步建立本学科的教学学术标准，为教学的创新性、有效性和适当性提供参照[②]。

科教融合既是大学精神的核心要素，也是大学组织实现科教衔接的制度化过程。首先，基于新制度主义的观点，制度应包含规范、规则与文化认知的统一。规范是对学术共同体的社会角色和学术责任的价值认同，学者以发现知识、创新知识、传承知识为根本任务，以追求真理、维护正义为价值追求。科教融合正是基于学术共同体对工作、角色和义务的共同定义展开的。其次，规则是对科教融合外部制度环境和内在工作机制等内容在组织层面的确认。大学组织的制度环境遵循社会合法性逻辑，强调大学的发展要适应社会、国家对大学的合法性预期，不断满足知识生产、人才培养与社会转型进步的外部需求。这正是推动科教融合向制度规则转化的外驱力。内部的技术环境则遵循效率逻辑，即科教融合体现组织内部科学研究和人才培养的相互协同，任务目标、工作流程和评价反馈的机制有章可循，使组织运行更有效率。当外部的合法性预期与内部的组织效标之间出现偏差时，就需要对组织的布局结构、人员安排和工作实践进行调适，这是形成科教融合制度规则的内驱力。最后，文化认知是对空间和时间上动态变化的制度意义进行解释。科教融合的制度化在文化认知层面由两个维度构成：一是从洪堡、吉尔曼至博耶的历史变迁过程，体现了对科教融合精神的认知在时间上不断递进的过程；二是基于欧洲大陆高等教育体系和美国高等教育体系形成的组织渐进过程，是基于不同文化背景的组织耦合关系在空间上逐渐演变的过程。因此，制度化既是一种变化过程，也是一种社会状态的生成结果，科教融合的制度化体现了规范、规则与文化认知的互动。

---

① Griffiths R. Knowledge production and the research-teaching nexus: The case of the built environment disciplines[J]. Studies in Higher Education, 2001, 29 (6): 709-726.

② 朱炎军. 教学学术视角下的高校教师发展：来自美国的经验[J]. 外国教育研究, 2017, 44 (3): 58-70.

二、追求卓越：人才培养模式变革的实践

作为科教融合精神的大学传承者，洪堡大学和约翰·霍普金斯大学始终秉持科教融合理念，坚持以研究导向的教学和教学导向的科研来推动知识的传承与创新。这两所大学不仅在国内乃至国际大学排名中名列前茅，享有世界一流大学的学术地位，而且拥有良好的学术声誉和社会影响力。面对培养卓越人才的竞争，两所大学选择通过主动变革人才培养模式的路径积极面对挑战。接下来，我们将从改革的目标、课程与教学实践、教学学术三个方面进行论述。

（一）洪堡大学的实践

2006 年以来，德国联邦政府和州政府通过实施"卓越计划"促进高校创建一流的研究型大学。该计划主要通过"卓越研究集群、研究生院和院校发展战略"三个维度进行评估，并提供资金支持。自 2012 年起，洪堡大学积极响应，提出了"培育探究精神：个性、开放、引领的院校发展战略"。为此，洪堡大学在本科生和硕士研究生教育中推行人才培养改革的 Q 计划，旨在开发和测试各种教学和学习的新方式，为学生提供先期的研究经历。该计划的目标是在本科和硕士阶段开展基于研究的教学和学习，鼓励学生创新和提问，培养质疑精神和提出解决方案的能力，并让学生在参与过程中获得科研经历与体验。通过研究性学习，学生将从本科教育开始便持有对学问的研究和质疑态度，学会形成学术问题、开发与之相对应的研究项目，并以循序渐进的方式学习项目研究的方法。理想情况下，学生将能够亲身经历研究过程的所有阶段，包括学术发表和对其结果的反思性分析。Q 计划包括四项核心举措。

1. Q-教学指导

Q-教学指导（Q-tutorial）是由学生发起、设计和举办的课程，旨在促进研究性学习。学生们自主选择研究主题，这些主题最好是跨学科的。课程大纲及学期计划由学生导师（Q-tutor）开发和实施，学生导师由博洛尼亚实验室（Bologna Lab）负责培训。通过相关研讨会，学生获得以研究为基础的知识，并在学生导师的教学指导下，经历从选题到论文发表的全过程。这种方式既为

学生导师提供了亲身的教学经验，也为参与的学生提供了独立研究的机会。

2. Q-研究团队

Q-研究团队（Q-team）是由跨学科的学生组成并由博士生和博士后研究人员监督与指导的合作研究团队。学生就自己设计的问题，通过洪堡大学进行的研究项目或合作的校外研究机构开展研究工作。通过基于研究的学习，他们可以在自己的学科或跨学科的环境中获得研究经验并提高自身的洞察力。

3. Q-模块课程

Q-模块课程（Q-module）是学生可以通过独立学习完成的模块课程。其特别之处在于，学习内容是基于研究发现的结果。该模块课程最适合有学习经验和需求异质的学生。例如，在导入性课程模块中，具有广泛学习经历的学生可以选择独立研究，并学习模块课程的全部内容（其教学评价以作业为主，而非考试）。这些学生由相关的 Q-模块课程教师进行监督和指导。

4. Q-研究小组

Q-研究小组（Q-college）是由洪堡大学和国际合作大学的学生组成的国际研究小组。通过设立以研究为基础的课程，每个小组都针对一个特定的课题进行独立的项目研究。参与者来自洪堡大学的众多国际合作院校，研究内容由督导教师和团队共同决定。具体的研究方式包括联合讲座以及通过数字平台进行交流等，最终成果以口头陈述和电子出版物发表为标准。

作为跨学科教学实验室和统筹性的组织，博洛尼亚实验室直接由学术事务副校长领导，负责包括研究性学习、跨学科选课与双学位等本科生和硕士研究生相关的人才培养工作。其目标是促进自我指导的独立学习能力的形成，为个人发展创造空间，提供和实施以需求为导向的学术课程，并推动教学、研究和人才培养之间实现全面深度融合。同时，博洛尼亚实验室也是一个教学学术的研究机构，作为联邦教育和研究部的"研究性学习项目"的参与者，其负责对 Q 计划进行定期跟踪评估，评估结果对方案实施和改进产生影响。学校秉承洪堡的理想，坚信只有当研究与教学密切相关时才能取得成功。学校通过颁发"洪堡大学优秀教学奖"的形式鼓励在教学中成功和创新的实践，旨在树立优秀教学的形象，强化对教学学术的重视，并对大学教学质量提升做出积极贡献。

（二）约翰·霍普金斯大学的实践

自第一任校长吉尔曼提出"为世界进步而学习"的目标以来，约翰·霍普金斯大学始终致力于通过革新科研的方式，支持和推动教师与学生共同践行这一核心使命。自 2011 年起，为了更有效地改善和丰富约翰·霍普金斯大学本科及硕士研究生对科学知识的学习，该校提出科学入门课程（Gateway Science Courses Initiative/Gateway Science Courses，GSCs）计划。该计划旨在推动更先进的科学教育、工程教育和相关的定量研究工作的开展，通过提升学生的自主学习、问题解决、批判反思和学术交流等技能，进而增强其学术探究能力。改革的初衷在于将研究的体验融入本科和硕士阶段的教学，将发现、研究、教育的大学精神根植于专业学习之中，从而激发学生对学科专业的浓厚兴趣。

基于吉尔曼的观点，"学习-研究-发现"的科教融合方式将使学生实现个人学习的潜力超越年龄或家庭背景的差异性[①]。在学生参与教授主导的研究过程中，他们学会了如何提出问题、进行批判性推理，以及通过观察和实验发现、解释证据，并能够清晰、明确地参与互动交流。具体来说，GSCs 计划期望使学生具备的素质包括目标与能力两个方面[②]，如表 8-1 所示。

表 8-1　GSCs 课程目标与学生能力培养

目标	能力
掌握课程的核心内容，并为更高级的学习做好准备	通过问题集、课堂测验、问题解决等方面的学习，与教师或助教进行讨论
提升包括发现、自学、设问、推理和交流的能力	将课堂或阅读的思想融入实践，加深理解的技能
增强对学科学习的好奇心	提升批判性思维能力 锻炼口头和书面交际能力

其中，面向本科生开设的 GSCs 聚焦 STEM 教育内容，其课程架构基于多学科搭建，主要针对高年级学生开设顶点课程（capstone course），旨在为学生提供包括项目设计、研究、实习、调研等活动在内的一手学习经历。面向研究生开设的 GSCs 则具有跨学科性和问题导向性，特别开设了实操性的研究方法课程和面向解决真实问题的专题课程，旨在帮助学生突破跨领域学习的障碍，

---

① 转引自伯顿·克拉克. 探究的场所：现代大学的科研和研究生教育[M]. 王承绪译. 杭州：浙江教育出版社，2001：11.

② 伯顿·克拉克. 探究的场所：现代大学的科研和研究生教育[M]. 王承绪译. 杭州：浙江教育出版社，2001：11.

满足学科共性需求。在具体教学实践中，GSCs 提倡以下原则：建立完善的教学评价体系，实施同伴教学，推广研究性学习，采用翻转课堂教学，设立科学名人堂教学，以及鼓励主动学习活动。

GSCs 计划的组织、实施和评估由大学的学术副教务长直接负责。为此，大学成立了由校长、教务长和各系部主任参加的科学入门课程教学指导委员会，该委员会全面负责解决课程与教学的相关问题。通过举办卓越教学研讨会和新教师教学论坛等措施，GSCs 增强了教师对学生学习方式的理解，促进了教学学术的创新。同时，约翰·霍普金斯大学还为各种教学改进项目提供资金支持，并对这些项目进行严格的评估，建立了定期的沟通机制。这些措施从课程设计、教学实施和组织协调三个方面，共同促进了课程计划的有效开展，为校长、院长、董事和教师提供了卓越教育的实际证据。

三、回归理性：人才培养模式变革的设计

（一）同质异形的特征

尽管两所大学在人才培养变革的具体方案和实施细节上存在差异，但深入分析其制度性要素，从方案的指导理念、机构设置和技术路径进行梳理，我们可以发现它们具有同质异形的特征。

一是传承科教融合，强调科研育人。在培养卓越人才的竞赛中，洪堡大学和约翰·霍普金斯大学不约而同地选择了回归科教融合的传统，这与其固有的组织记忆和组织文化有着必然的关联。无论洪堡大学的 Q 计划还是约翰·霍普金斯大学的 GSCs 计划，都强调以科教融合的精神作为改革的指导原则，坚持科研育人、协同创新的人才培养理念。这既是对组织惯习的继承和肯定，也是对实施变革所达成的一种制度共识。

二是注重顶层设计，强化组织保障。人才培养模式的变革既要考虑科教融合的制度文化和惯习，也要兼顾社会发展对人才培养的多元、差异、个性的需求。因此，组织变革需要创设有利的制度环境，在组织层面统筹改革的领导、实施和资源配置，并形成利益相关者参与的协商机制。例如，洪堡大学的博洛尼亚实验室就是一个兼具领导、管理与评价的机构；而约翰·霍普金斯大学的改革则形成了由各系部主任、教学资源开发中心和授课教师参与的互动机制，

有效地推动了改革的实施。

三是深化教学改革,推动教学学术。深化课程与教学改革需要创设良好的技术环境,形成可参照、可复制的技术标准。同时,应基于学生的学习体验和反馈,在尊重个性差异的过程中追求教学创新和卓越。通过开展以促进教学学术为内涵的学术活动,如奖励教学创新、提供教学辅助、开展教学研讨、跟踪教学评估等,可以实现人才培养的动态监测,有效改善学习的体验,确保人才培养的质量。

(二)制度设计的思维

研究型大学的组织变革在组织行为上具有相似性。洪堡大学和约翰·霍普金斯大学推出的人才培养模式变革的方案表明,组织变革的决策是组织作为理性行动者,将组织结构变革与外部环境预期和组织内部人员的观念转变相结合的产物。

组织适应论将组织变革视为自身发展的一种常态化形式,大学组织不断延续的关键在于其能否对不断变化的外部环境做出有效回应,从而平衡组织内部环境与外部变化的紧张关系。[1]科教融合对这两所大学的影响已超越基于组织自身的学术基因和组织记忆的范畴,而被视为组织内部人才培养模式适应外部环境变革的战略决策,是大学组织基于外部冲击做出的一种内部适应性的理性选择。例如,德国"卓越计划"具有高度的竞争性,而大学作为高度资源依赖的组织,只有借助国家官僚控制的强大经济资源的供给,才能确保组织的生存。洪堡大学的人才培养模式变革直接获得了由联邦教育和研究部在2012年"教学质量协定"框架的资助,该框架也是德国"卓越计划"的组成部分。反观美国的高等教育,其市场主导的竞争环境决定了组织对市场环境的敏感性决定其变革的程度。一方面,约翰·霍普金斯大学需要面对常春藤盟校人才培养模式变革的竞争压力;另一方面,高等教育自身面临的更为严格的外部审查和跨学科问题的多样性,也迫切需要组织做出适时调整。组织的变革正是基于既有的组织观念、文化和制度惯习的再强化,其核心是弱化外部环境对组织的冲击,并使改革的阻力最小化。

---

[1] Bess J L, Dee J R. Understanding College and University Organization: Theories for Effective Policy and Practice(Volume II) [M]. Sterling: Stylus Publishing, 2012: 799.

组织变革的社会技术理论强调内部的组织设计，大学组织松散耦合的特征决定了其变革往往是局部的而非整体的，对院系的影响也十分有限，因此需要加强基于组织的制度设计，形成部门间的紧密联系和互动[1]。人才培养模式的变革需要建构有力的组织保障，形成多任务的协同和利益相关者互动的机制。集权式的组织设计有组织合法性的制度强制力，也更有利于组织变革的实现。鉴于科研与教学机构在大学组织内部彼此耦合的特征，两所大学的变革都强化自上而下的组织内部权力运行，实施集权式的组织变革。例如，洪堡大学的博洛尼亚实验室是一个跨学科教学实验室，兼有教学管理和评估的职能，具有多任务性和部门联络的作用。它既是科教融合的整合机构，也是人才培养模式改革的平台机构。约翰·霍普金斯大学的改革由教务长主导，并专门成立了科学入门课程指导委员会，与教务长办公室定期开展和课程相关的研讨及交流。这些措施不仅使组织变革具备坚强的内部领导核心，还使利益相关者能通过协商反馈机制参与其中。正是这些整合的组织设计，将教学和科研的多任务性和跨部门性相互渗透，从而确保了组织变革的有效实施。

组织变革的过程理论认为，组织变革是成员间关于组织观念变化的过程，从心理认知的角度分析，需要观念的瓦解、转变和重构[2]。这两所大学对科教融合的观念重构体现在对教学学术的再强化上：首先，两所大学都对教学的卓越性给予高度的肯定和积极的认可，并对卓有成效的教学创新进行物质奖励，拒绝平庸；其次，两所大学重视形成促进教师发展和教学学术的有效衔接机制，注重搭建教学交流的平台和提供丰富、优质的教学资源建设方案，以促进教师转变教学观念，形成有利于教学学术提升的共识；再次，两所大学改进了对非终身教职教师的管理方式，打通了教师职业发展通道，建立了差异化的教师身份认同和角色定位，消除了阻碍教学创新的体制障碍；最后，两所大学对教学效果和教学过程进行了定期监控和基于数据的学习成果评估，建立了基于数据的内部学习成果评估体系，为人才培养质量的提高提供了可参照的硬指标。

---

[1] Bess J L, Dee J R. Understanding College and University Organization: Theories for Effective Policy and Practice（Volume II）[M]. Sterling: Stylus Publishing, 2012: 799.

[2] Bess J L, Dee J R. Understanding College and University Organization: Theories for Effective Policy and Practice（Volume II）[M]. Sterling: Stylus Publishing, 2012: 799.

四、结论

尽管当前对人才培养模式变革的方案选择仍存在分歧，但以科教融合为引领，通过强化其制度性要素——包括对学术共同体的价值观和意义建构、组织制度环境的优化和教学学术的机制完善，实施以院校为主体的变革，被视为人才培养模式变革的有效途径。

一方面，我们应将科教融合视为学术共同体理应遵循的价值规范和道德模板，将教学学术视为学术探究的认知基础，并以此来指导学术成员的学术行为。当前，学术共同体在学术与教学之间缺乏理性认同，这直接导致学术价值和身份认同的错位。由于教学学术充分体现在科研主导的教学或是教学融入的科研之中，本质上都是基于学术规范对知识的发现过程，因此，只有当学术共同体内部形成对教学学术的共识，产生关于科教融合的核心信仰，并将其作为共同的价值追寻和认知情景时，共同体成员间的归属感、使命感和认同感才有可能被激发，其规范作用才有可能内化为具体的学术行为。

另一方面，我们应充分发挥院校在人才培养模式变革中的主体性作用，利用既有的科教优势和组织惯习，依托组织领导和制度设计实现系统性变革。如前所述，人才培养模式变革必须形成外部合法性与内在有效性的衔接。而我国人才培养模式改革的弊端在于偏重社会需求逻辑，忽视了院校主体的能动性。因此，强调大学基于自身的院校特色、学科优势的人才培养，就是要打破既有的学科教学与科研壁垒，构建新的"科研-教学-学习"连续体。为此，组织变革需要围绕课程与教学的利益相关者主体，形成多元参与的、强有力的核心领导团队，通过优化科教融合组织架构，设计积极的学术互动反馈机制，推动组织内部自上而下与自下而上的系统性变革。

第九章 产教融合的组织发展困境：多重制度逻辑的分析与实践

一、"产教融合"困境

培养行业急需、能力突出的拔尖创新人才需要行业企业的广泛参与。为深化产教融合、全面提升人力资源质量，2017年12月印发的《国务院办公厅关于深化产教融合的若干意见》，提出"构建校企合作长效机制"。党的二十大报告提出，要"推进职普融通、产教融合、科教融汇"，以促进教育、科技、人才一体化发展。实际上，2010年发布的《国家中长期教育改革和发展规划纲要（2010—2020年）》就提出，要"创立高校与科研院所、行业企业联合培养人才的新机制"，以培养大批创新型优秀拔尖人才。在这一政策的引导下，高等教育界曾掀起校企合作的改革热潮。然而，校企合作改革轰轰烈烈，收效却甚微，校企合作仍然面临诸多现实困境。教育部的调查报告结果显示：企业参与人才培养的形式主要集中在实习实践等传统合作形式，校企合作的广度和深度不够，制度化程度偏低，62%的企业认为校企合作公共政策缺失，企业缺乏参与人才培养的途径、条件和收益[1]。针对校企合作存在的困境，许多学者进行了研究。有学者研究发现，困境主要源于三个方面：一是高校自身存在问题，如主动性不够；二是企业参与校企合作的积极性问题，如无利可图；三是政府职能的缺失问题，如缺乏顶层设计。[2]其中，政策问题是最根本的。这也是《国务院办公厅关于深化产教融合的若干意见》出

---

[1] 教育部高等教育教学评估中心. 中国工程教育质量报告：面向工业界 面向世界 面向未来 2014版[M]. 北京：教育科学出版社，2016：23.

[2] 张斌. 多重制度逻辑下的校企合作治理问题研究[J]. 教育发展研究，2014，34（19）：44-50.

台的动因之一。作为校企合作的高级阶段,"产教融合"是校企双向的互动与整合,是校企合作的深度交融。

当前世界已经进入一个创新密集和产业变革的新时代,党的二十大报告提出,"必须坚持科技是第一生产力、人才是第一资源、创新是第一动力,深入实施科教兴国战略、人才强国战略、创新驱动发展战略"。因此,培养具有实践能力、跨界整合能力、创新能力的拔尖创新人才显得日益紧迫。高水平行业特色高校长期依托行业发展,与所在行业形成了鱼水相依的关系,在传统优势学科方面积聚了引领行业创新人才培养及核心技术创新发展的优势,形成了为行业培养专门人才、解决行业关键技术的优良传统,以及独特的产教融合模式。然而,20世纪90年代高等教育管理体制改革,大部分高水平行业特色高校划归教育部,开始向综合性和研究型大学转型,与行业渐行渐远,重建产教融合模式困难重重。事实上,20世纪50年代的"院系调整",曾建立起行业办学体制;20世纪80年代以后,由于过于强调面向学科办学,高校开始"去行业化",产教分离体制逐步确立。对于中国高校"产教融合"的兴衰转换,《国务院办公厅关于深化产教融合的若干意见》主要从宏观政策的角度给予解释,认为外部政策环境的改变是困境产生的原因。然而,公共政策的背后隐含着制度逻辑,制度逻辑是组织变革的根本动力因素。那么,制约高水平行业特色高校"产教融合"发展的制度逻辑是什么?制度逻辑又是如何制约组织发展的?本章首先从多重制度逻辑理论出发建构分析框架,然后利用分析框架解释高水平行业特色高校"产教融合"的困境,接下来以华北电力大学为案例进一步展示分析框架的功效。本章的结论希望能够为解决高水平行业特色高校的"校企合作"提供启示,并为破解中国"产教融合"困境提供思路。

二、分析框架:三角协调中的多重逻辑

多重制度逻辑分析框架是周雪光教授最先提出的。他认为,大规模制度变迁涉及多重过程和机制,而这些过程机制的相互作用是理解它们各自的作用和影响的关键。制度逻辑作为制度学派的核心概念,特指某个领域中稳定存在的制度安排和行动机制,它们构成了行动者的行动框架,塑造和诱发了行动者的行为方式。[①]制度变迁受到多重逻辑约束,这些逻辑之间可能存在互补或矛盾

---

① 周雪光,艾云. 多重逻辑下的制度变迁:一个分析框架[J]. 中国社会科学, 2010 (4): 132-150.

的关系，共同构成了组织发展变迁的动力或阻力。这一分析框架的核心是识别组织发展中的多重制度逻辑。

高校"产教融合"项目作为嵌入在高校中的跨界组织，面临着复杂多样的制度逻辑，因此非常适合采用多重制度逻辑分析框架进行研究。该项目位于高等教育系统内部，高等教育系统的外部环境构成了"产教融合"项目发展的组织场域。伯顿·克拉克提出并构建了高等教育发展的"三角协调模式"。他认为，高等教育发展主要受政府权力、市场及学术权威三种力量的影响。这三种力量形成了一个协调三角形，每个角代表一种形式的极端和其他两种形式的最低限度，三角形内部的位置代表三个因素的不同程度的结合。[①]这一模型不仅有利于我们深刻理解高等教育组织所处的外部制度环境，还为分析"产教融合"的多重过程提供了依据。

根据多重制度逻辑分析框架和高等教育三角协调模式，我们建构了"产教融合"三重制度逻辑模型。模型以"产教融合"项目为核心，将国家逻辑、市场逻辑、高校逻辑整合为一个三角形，每个角代表一种制度逻辑。

第一，国家逻辑。在"产教融合"发展中，教育部、国家发展改革委、财政部、人力资源社会保障部等涉教部门是极为重要的外部因素，其中教育部的影响尤为显著。"产教融合"是国家推动建立的拔尖创新人才培养政策，教育部在自上而下的改革中扮演了重要的驱动角色。教育部的制度逻辑源于长期以来"行政主导"的惯性，旨在实施创新驱动发展战略，为经济建设提供大批拔尖创新人才，因此采取了"重点建设"和"工程化思维"的制度逻辑。然而，国家并非铁板一块，它由具有各自目标的利益部门构成，从而形成了基于部门利益的制度逻辑。因此，虽然国家为"产教融合"的发展提供了总体框架，但仍存在内部矛盾。

第二，市场逻辑。企业作为经济的基本细胞，参与"产教融合"时遵循市场逻辑，其基本动机是追逐经济利益。市场逻辑主要表现为"投资者应获得回报"的产权逻辑和"投资收益最大化"的效率逻辑。在这两种逻辑导向下，成本收益考量、利益博弈成为影响企业是否参与以及参与程度的重要因素。在当前的政策环境下，企业对"产教融合"积极性不高，"搭便车行为"普遍存在。

---

① 伯顿·克拉克. 高等教育系统：学术组织的跨国研究. 王承绪，等译[M]. 杭州：杭州大学出版社，1994：159.

第三，高校逻辑。作为学术机构，高校组织遵循学科逻辑。在"产教融合"三重制度逻辑模型的中间位置是"产教融合"项目，其目标是整合高校与企业的优质资源，培养具有实践能力、跨界整合能力和创新能力的拔尖创新人才。"产教融合"项目正是与国家逻辑、市场逻辑和高校逻辑这三种制度逻辑的主体进行互动的过程中实现发展，同时也面临着困境。

三、三重制度逻辑解释：高水平行业特色高校"产教融合"的困境

在推进"产教融合"的过程中，国家、企业和高校这三个行动者的行为均受到它们各自领域制度的制约，这反映了各自领域中的制度逻辑。"产教融合"所面临的困境，正是源于这些多重制度逻辑之间的冲突。

1. 国家逻辑

从纵向维度来看，国家逻辑强调高等教育发展中的政府行为，重大教育改革往往基于国家战略，由政府相关部门强力推动。回顾中国高等教育改革史，"产教融合"政策主要服务国家工业化进程。中国的工业化进程大致分为三个阶段：一是有计划的工业化阶段（1949—1978 年），二是市场导向的工业化阶段（1978—2002 年），三是新型工业化阶段（2002 年以后）[①]。相应地，中国"产教融合"的发展也经历了三个主要阶段：第一阶段，有计划的工业化阶段实行产教一体化政策。20 世纪 50 年代，高等教育改革效仿"苏联模式"，实行行业办学。作为行业办学逻辑的实施者，行业主管部门将高校归入自己的管辖范围，如建立专业学院来培养本行业所需人才、负责选派学校领导和下拨办学资金、实行行业对口培养和对口就业等。第二阶段，市场导向的工业化阶段实行产教分离政策。随着改革开放，中国逐渐从行业工业化走向区域工业化，需要大量专业性人才。然而，产教一体化的体系长期服务行业经济，存在条块分割、专业过窄、规模过小的问题，因此难以满足区域快速工业化的需要。1998 年，高等教育管理体制改革将行业高校划归教育部或划转地方政府，推动了高校的"去行业化"。高校的管理权在教育部和地方教育行政部门手中，割断了高校与产业之间的天然联系。第三阶段，新型工业化阶段主张"产教融合"。

[①] 周光礼. 国家工业化与现代职业教育：高等教育与社会经济的耦合分析[J]. 高等工程教育研究，2014（3）：55-61.

随着全球"新工业革命"的到来，中国逐步从"追赶战略"转向"创新驱动发展战略"，这需要高校培养更多拔尖创新人才，"产教融合"是主要路径之一。然而，受限于部门利益间的博弈，实质性的"产教融合"尚未实现。

从横向维度来看，国家政策的制定和推行是各部门的相互作用与协调的产物。国家逻辑在"产教融合"中展现出两个特点：一是在"产教融合"政策制定过程中，教育致力于推动制度完善，以培养拔尖创新人才，而立法部门则对为企业设定人才培养义务持谨慎保留态度，税务部门在给予参与"产教融合"的企业免税优惠方面也显得不够积极。这些部门间的分歧导致"产教融合"政策在内容上出现模糊性，在政策执行过程中产生内在矛盾，从而形成政策执行的灰色地带。二是中央政府各部门在推动"产教融合"过程中，向高校、企业提出不同甚至矛盾的目标和要求，使它们难以明确自身的角色和责任，导致执行上的无所适从。

2. 市场逻辑

市场逻辑体现为企业要求"产教融合"项目遵循市场规律，通过市场化运作实现更好发展。随着公办高校被纳入政府非全额拨款的事业单位，市场逻辑在高教领域的作用日益凸显。

市场逻辑主要包括产权逻辑和效益逻辑。产权逻辑是市场逻辑的基础，其核心在于投资方应获得控制权和收益权。企业与高校合作的基本动机是追逐经济利益。"产教融合"意味着高校需要让渡部分管理权限。然而，在传统的校企合作中，高校不愿让渡管理权限，导致企业参与校企合作的积极性不高，"产教融合"项目大多停留在较低层次，如提供见习机会、开放实习场地、共建实习基地等。《国务院办公厅关于深化产教融合的若干意见》中明确提出，"鼓励有条件的地区探索推进高校股份制、混合所有制改革，允许企业以资本、技术、管理等要素依法参与办学并享有相应权利"。这一规定在一定程度上与教育的公益性定位以及高校现有管理模式产生了冲突。例如，在某些由政府推动的混合所有制项目中，出现了大企业过度干预学校经营，如完全掌控学费收取权，或者企业未能按照承诺投入足够的师资和资金等情况，这导致高校在某种程度上成为企业的服务提供者，而非独立的教育机构。此外，资本的逐利性可能导致这些教育项目过于追求经济效益，从而忽视了教育的公益性和社会责任。

效益逻辑是市场逻辑追求的目标，企业追求利益最大化。在"产教融合"的人才培养活动中，企业的理性选择是追求人才收益最大化，并尽量降低培养成本。企业普遍倾向于认为"培养人主要是学校的责任"，同时认为来企业实习的学生往往因适应能力不足，难以立即为企业创造显著价值。在"产教融合"中，企业的效益逻辑往往表现为一种"搭便车"的投机心理和行为。企业认为，尽管校企合作能培养实践能力强的创新人才，但学生就业的不确定性使得这些优秀人才难以长期留在本企业。因此，一些企业倾向于依赖其他企业的培养成果，而非积极参与"产教融合"，这导致企业参与的积极性普遍不高，进而引发了类似于"公地的悲剧"的现象，即资源被过度利用而无人维护。

3. 高校逻辑

高校逻辑主要体现在围绕教学与科研这两种基本活动所建立的制度架构上。首先，高校制度坚持学科逻辑，"办大学就是办学科"正是这种逻辑的具体体现。这种以学科逻辑为主导的高校制度与"产教融合"项目所强调的社会需求逻辑之间存在内在冲突。其次，作为国家事业单位，我国高校处于政府科层体系之中，并负责实施"产教融合"政策，因此遵循的是科层逻辑。高校在制度架构上既遵循学科逻辑，又受到科层逻辑的影响，这导致高校内部学术权力与行政权力之间的冲突和竞争。

就学科逻辑而言，高校的主要职能是培养专业学者，因此侧重学术教育。学术教育主要以认识论哲学为基础，强调知识的逻辑性和体系性，相对忽视知识的应用性和功利性，以及社会需求逻辑。在遵循学科逻辑背景下，高水平行业特色高校划归教育部管理后，开始向研究型大学转型，其人才培养目标也定位为在学科领域培养学术型人才。从制度层面来看，这些高校开展的"产教融合"活动仍然是以学术型人才培养目标为导向的，它被视为学术教育的一种补充或延伸。因此，这类高校的人才培养方案主要围绕学科进行设计，而在校企合作的制度安排上，往往仅限于见习、实习等较为浅表层次的合作方式，这在一定程度上制约了"产教融合"的深入开展。

从科层逻辑的视角来看，高校作为国家政策的实施机构，在推动"产教融合"发展中具有重要作用。在相同的制度框架下，尽管各高校对"产教融合"的响应程度各异，但它们都受到科层逻辑的影响。组织行为学理论认为，知识由组织激励机制和组织环境共同作用所引发。就激励机制而言，高水平行业特色高校的资源配置模式以国家导向为主,政府掌握着办学资源的主要分配权。在利益驱动下,高水平行业特色高校积极争取政府的支持,以期能够入选政府设立的各类"重点建设工程",从而获得更多的办学资源。"产教融合"成为政府考核高水平行业特色高校的重要指标之一,学校为了获取更多利益,表现出强烈的政绩取向。这种利益导向的科层逻辑,导致学校在校企合作中忽视了双方的实际需求,使得"产教融合"流于表面形式。就任务环境而言,行业特色高校需要应对来自政府的各种自上而下的任务,这些任务有时具有多重且相互冲突的目标,"产教融合"只是其中之一。同时,"产教融合"项目本身也存在着多重且相互冲突的目标。因此,高水平行业特色高校需要在任务环境中对各种目标进行权衡和选择。科层逻辑的影响导致高水平行业特色高校在选择时倾向于有利于学校的做法。当"产教融合"面临于困境时,高水平行业特色高校往往归因于国家政策不完善,同时将责任部分地推卸给企业。

四、案例分析:华北电力大学"产教融合"的变迁

华北电力大学创建于1958年,是教育部直属的高水平行业特色型大学,并属于国家"211工程"和"985工程优势学科平台"的重点建设大学。2017年,学校入选国家"双一流"建设名单,重点建设能源电力科学与工程学科群。至2022年,其电气工程学科已入选第二轮"双一流"建设学科。历经60多年的发展,目前学校拥有北京和保定两个校区,拥有14个学院、67个本科专业,在校生总数达3.6万余人(其中研究生1.2万余人),教职工人数超过3000人。从"产教融合"的视角看,华北电力大学的发展可被划分为三个阶段:第一阶段是计划经济体制下的行业办学阶段(1958—1978年),特点是国家逻辑主导的产教一体化;第二阶段是社会转型时期的行业办学阶段(1978—2002年),特点是学科逻辑与市场逻辑驱动的产教分离;第三阶段是划转教育部后的"产教融合"探索阶段(2003年至今),特点是多重制度逻辑博弈下的"产教融合"。

1. 国家逻辑主导的产教一体化(1958—1978年)

20世纪50年代,我国高等教育改革实施了一项重要政策——行业办学政策。为了满足电力工业建设的迫切需要,1950年,中央燃料工业部电业管理总

局在北京创立了电力职工学校。1952年，经燃料工业部批准，学校更名为北京电气工业学校，并设立了锅炉、汽机、电机、输配电等7个专业。1958年，水电部在此基础上创办北京电力学院，并全面接管学校的各项办学事务，包括选派学校干部、下拨办学资金、实行"点对点"培养、分配就业等。

1961年，行业部门对所属高校进行了"定规模、定任务、定方向、定专业"工作。在这一背景下，原隶属国家第一机械部的哈尔滨工业大学转由国家科委管辖，主要培养军事工程技术人才，其电力专业因此被调整出来。水电部为增强北京电力学院的专业实力，两次前往哈尔滨动员电力系加盟。经过多方协调和主管部门的批准，哈尔滨工业大学的发电厂电力网及其电力系统、高电压技术、动力经济与企业组织三个专业的师生及教学设备整体并入北京电力学院。

在国家逻辑的主导下，水电部不仅担任着行业企业的主管部门角色，还兼任了高校的主管部门，积极推行"行业办学、产教一体"的模式。这一模式确实为电力专业培养了大批专门人才，但也逐渐暴露出一些问题。1965年，学校对毕业生进行跟踪调查后发现：教学计划与生产实际脱节，只适用于科学院、设计院、学院；基础课与专业结合不紧密，学生缺乏解决实际问题的能力；基本训练差，试验能力培养不足；毕业生社会交往能力较弱。这些问题表明，当时的产教一体化整体效果并不理想，学生的实践能力有待提高。

2. 学科逻辑与市场逻辑驱动的产教分离（1978—2002年）

"文革"期间，学校被下放至邯郸、保定，并归河北省管辖。改革开放后，高等教育领域着手拨乱反正，全面恢复了新中国成立后的17年体制。1978年，经国务院批准，学校改由水利电力部与河北省双重领导，校名由河北电力学院改为华北电力学院。这一管理体制的变更，打破了省办高校的局限，使学校更加聚焦面向行业办学，并突出专业特色。改革开放推动了中国逐渐迈向区域工业化，而新中国成立后的17年间形成的产教一体化体系因所存在的专业过窄等问题而难以满足区域工业化发展的需要。1985年，中央提出要落实高校的办学自主权，赋予学校调整专业方向、制定教学计划和教学大纲、编写和选用教材的权力，高校自身的逻辑开始显现。学校开始遵循学科逻辑，逐步向多科性大学转型。为了更好地适应电力事业和社会发展的需求，针对学生知识面窄、服务面向单一、适应性不强等问题，学校对现有专业进行了改造，拓宽了专业口径，调整了专业结构和课程设置。1992 年，随着社会主义市场经济体制的建立，国有企业改革拉开帷幕，企业成为自负盈亏的法人实体，行业企业也开始由行政逻辑转向市场逻辑。为此，学校增设了一批社会急需的新兴应用学科，调整了学科和专业结构，增加了文、理、经管类专业，使学校由单一的工科院校转变为以工为主，文、理、经管相结合的多科性重点大学。随着学校服务范围由行业拓展到地方，招生规模也逐渐扩大。1985 年，学校有本专科专业 13 个，在校生人数为 1932 人；到了 1994 年，经专业调整，本专科专业增至 16 个，在校生人数达 3484 人。1983 年，为满足国家对政法、财经和管理人才的需求，水利电力部决定在水利电力部干部进修学院的基础上组建北京水利电力经济管理学院，该学院于 1992 年更名为北京动力经济学院。1995 年，电力工业部决定，让华北电力学院与北京动力经济学院合并，组建华北电力大学，学校的学科专业得到了进一步拓展。

学校遵循学科逻辑办学，主要体现在重视研究生教育和加强科学研究上。早在 1977 年，华北电力学院就向水电部提出了与电力科学研究院合办北京研究生部的申请。1978 年，国务院批复同意学校招收研究生。1981 年，华北电力学院获得了"电力系统及其自动化""发电厂工程""理论电工"三个学科的硕士学位授予权。1986 年，学校被批准为博士学位授予单位，"电力系统及其自动化"获得博士学位授予权。博士点的建立标志着华北电力学院的学术水平和科研能力迈上了新台阶，形成了本硕博完整的人才培养体系。1998 年，华北电力大学被列入国家"211 工程"建设行列。"211 工程"以学科建设为中心，重视科学研究，这进一步强化了华北电力大学的学科逻辑。在市场逻辑和学科逻辑的双重驱动下，学校的产教一体化体系开始解体，校企关系也逐渐疏远。

3. 多重制度逻辑博弈下的"产教融合"（2003 年至今）

建校以来，学校先后隶属水利电力部、电力工业部、能源部、国家电力公司等中央部委（公司）。2003 年，随着高等教育管理体制改革和国家电力体制改革的深入推进，学校最终由国家电力公司划归教育部管理。学校的国有资产、事业经费、人员编制及领导班子、劳动工资、招生计划等事项均由教育部负责。学校主管部门的变化意味着国家逻辑的转变，相较于行业主管部门，教育部更认同高校逻辑。在高校逻辑的推动下，学校的学科专业得到了进一步拓展。建校初期，学校开设了电机电气制造、发电厂电力网及电力系统、热能动力装置、电厂化学四个本科专业。哈尔滨工业大学电力系并入后，学校初步形成了集电气、热动、动力经济于一体的火电专业群。2003年，学校又增设了核电、水电、风电等学科专业群，初步构建了以火电、水电、核电等学科专业为核心，以数理、电子信息等学科专业为支撑，以能源经济、能源法律等学科专业为生长点的学科专业体系，最终形成了以"传统优势学科专业为基础、以新兴能源学科专业为重点、以文理学科专业为支撑"的"大电力学科专业体系"。到2017年，学校已拥有59个本科专业，其中大部分专业是21世纪以来新增设的。2006年，学校提出了"学科立校、人才强校、科研兴校、特色发展"的十六字办学方针，进一步强化了学科逻辑。

然而，学科逻辑的僵化在一定程度上不利于培养具有跨界整合能力和实践能力的拔尖创新人才，因此加强"产教融合"的呼声日渐高涨。华北电力大学凭借其作为行业高校的优势，积极探索"产教融合"的实现路径。2003年，学校划转教育部管理，现由国家电网有限公司、中国南方电网有限责任公司、中国华能集团有限公司、中国大唐集团有限公司、中国华电集团有限公司、国家能源投资集团有限责任公司、国家电力投资集团有限公司、中国长江三峡集团有限公司、中国广核集团有限公司、中国电力建设集团有限公司、中国能源建设集团有限公司、广东省能源集团有限公司等12家特大型电力企业和中国电力企业联合会组成的理事会与教育部共建。根据学校理事会章程，理事单位享有优先选择学校毕业生、优惠获得学校的各类人才开发和培训项目的权利，同时也有义务协助学校师生到本企业实习、进行社会实践和科技项目实验。依托理事会，学校建立了数百家校外实习实践基地，提高了实践教学水平；与中国广东核电集团公司等多家企业连续多年开展"3+1"订单式创新人才培养；与50多家高新技术企业、科研院所建立研究生工作站及专业实践基地，采用"双导师"培养方式，提高了人才培养质量。作为产教融合的平台，理事会初步协调了政府逻辑、高校逻辑和市场逻辑三者之间的关系，探索出了一条"构建平台、强化服务、突出创新、实现双赢"的校企合作之路。

回顾华北电力大学60多年的产教融合发展历程，可以看出，国家逻辑已从行业管理部门主导转变为教育部主导，从具体的管控转变为宏观的顶层设计。在市场逻辑方面，企业从从属于政府转变为独立的法人实体，从单纯追逐效益到主动承担社会责任。高校逻辑则从面向行业办学转变为遵循学科逻辑，再进一步向社会需求逻辑转变。三重逻辑从完全合一到逐步分化，再到相互融合，"产教融合"不断得到深化。

五、结论

本章通过建构"产教融合"三重制度逻辑模型，结合理论分析和政策分析，探讨了国家逻辑、市场逻辑和高校逻辑的内涵，以及它们对"产教融合"项目发展的影响。研究发现国家逻辑是"力"（power）、市场逻辑是"利"（profit）、高校逻辑是"理"（truth）。根据涂又光先生的"三 Li 说"，国家领域包含三 Li，但以"力"为中心，而"利""理"为"力"服务；市场领域包含三 Li，但以"利"为中心，而"力""理"为"利"服务；学术领域包含三 Li，但以"理"为中心，而"力""利"为"理"服务。[1]从应然层面来看，"产教融合"项目属于学术领域，应以高校逻辑为中心，国家逻辑和市场逻辑为高校逻辑服务。从实然层面来看，由于三种逻辑各自独立运行，在相互影响又相互制约的格局下，高校"产教融合"项目常常陷入两难境地，难以抉择。

上述结论揭示了"产教融合"困境的根本原因是制度环境和制度逻辑的制约。要走出这一困境，基本策略在于改变当前校企合作治理的博弈结构和治理方式。制度在整合个体理性和集体理性的断裂以及优化博弈结构方面发挥着重要作用。作为有效的人才培养模式，"产教融合"在西方发达国家已取得了显著成效，在我国部分高水平行业特色高校也展现出良好的育人效果。例如，华北电力大学、哈尔滨工程大学、上海交通大学联合中国广核集团有限公司于2005年创立的"订单+联合"大核电人才培养模式，就是一个产教深度融合的成功案例，证明了"产教融合"制度具有强大的生命力和发展潜力。

为进一步优化"产教融合"项目的治理，必须根据多重制度逻辑调整公共政策。第一，加强顶层设计。政府应正视"产教融合"发展面临的多重制度逻辑冲突，从系统的制度改革入手，构建元治理结构，协调各方利益，破除制度障碍，营造国家逻辑、市场逻辑、高校逻辑均能支持"产教融合"发展的新制度环境。第二，增强企业社会责任感。在"产教融合"项目中，企

---

[1] 周光礼. 国家工业化与现代职业教育：高等教育与社会经济的耦合分析[J]. 高等工程教育研究，2014（3）：55-61.

业应积极履行社会责任,将参与校企合作人才培养视为体现社会价值的重要途径,全程参与人才培养过程,与高校共同制定人才培养目标、设计人才培养方案、论证专业设置和课程建设方案、建设校外实践基地、创新人才培养模式、打造"双师型"师资队伍。第三,发挥高校主体作用。高校作为"产教融合"政策的实施者,应正视自身问题,推动办学逻辑的战略性调整,由单纯的学科逻辑向学科逻辑与社会需求逻辑相结合的方向转变,真正建立起需求导向的人才培养模式。

第十章　行业特色高校产教融合人才培养模式构建：以电力行业为例

高等教育在建设教育强国中发挥着引领作用。行业特色高校在我国高等教育体系中占据独特地位、特色鲜明，不仅肩负着推动行业进步和促进国民经济发展的重要使命，还肩负着培养行业领军人才、创新人才和高层次人才的重任。在服务强国建设、赋能行业发展的责任使命面前，行业特色高校如何精准定位行业发展的人才需求，培养国家战略型人才和急需紧缺人才，持续提升人才自主培养的质量，如何与行业企业深化产学研合作，建立可持续发展的产教深度融合人才培养新模式，是行业特色高校需要探索的重要问题。

一、行业特色高校人才培养的理论基础

1. 需求决定论

需求是经济学的一个重要范畴。现实社会中的需求多种多样，表现形式也极为复杂。需求决定论认为，社会发展的需求、市场经济的需求、第二产业（尤其是制造业）发展的需求以及学生未来发展的需求，决定着高等教育的理念、目标、体制、运作过程和质量评估标准。[1]

需求导向又称需要导向、满意导向，是营销管理理念，其本质是以满足消费者的需求和欲望为导向。[2]西方许多国家提出了"以需求为导向"构建人才

---

[1] 白逸仙. 创业教育与专业教育融合研究：创业型工程人才培养模式的建构[M]. 北京：社会科学文献出版社，2015.

[2] 代金平，张东. 论产学研合作人才培养的需求导向模式[J]. 重庆与世界（学术版），2013（10）：18-20+28.

培养的目标。英国高教界倡导"以市场需求为导向，满足相关利益者的需要"，即"需求为导向"在满足企业行业的需求上，满足学生的需求，同时还要满足社会经济发展和政府的需求。德国的应用技术大学非常重视"行业的人才需求"与"受训者的学习需求"，以这两大"需求"为基点，行业充分参与到以职业教育为主的人才培养工作中。①

由此可见，人才培养的质量取决于人才对需求的满足度和满意度。作为依托行业进行校企协同育人的主体，行业特色高校应首先了解行业企业、学校等利益相关者各方的需求，并针对性地采取切实可行的措施来满足这些需求，同时将"满意"标准纳入需求导向人才培养模式的评价反馈机制中，以实现"需求—满足—满意"的良性循环，从而提高人才培养质量。因此，行业特色高校人才培养应以需求为导向，并贯穿于人才培养全过程，以满足经济社会发展的需要，满足行业企业发展的需要，以及满足学生就业和终身发展的需要。

2. 大学教育是以社会需求为导向的专业教育

现代大学教育体系应是以需求决定论为价值导向、以全方位的产学结合为生态基础、以面向职场的高素质专门人才为主要培养目标的专业教育体系②。高等教育的本质属性是面向社会需求的专业教育，培养面向社会需求的专门人才，并以满足相关利益者的需求为目标，从而使学生能较好就业、产业能雇佣到符合要求的人才、国家人力资源战略得以实施。高校的专业培养目标应根据社会需求，重点培养综合素质高、能力突出、知识和技能扎实的人才，以符合社会多种类型层次的人才需求，并满足国家未来产业创新升级的需要。除了培养职业所需要的基本技能外，面向社会需求的教育还需要加强学生未来职业竞争力方面的培养，培育具有较强竞争力的学生，以满足经济和社会发展的需求。行业特色高校的教育具有较强的针对性，应根据行业的人才需求情况开展专业教育。

"社会需求"是一个比较宽泛的概念，社会对高等教育的需求除了人才外，还有发展科学技术、服务社会、引领文化等方面的需求。以社会需求为导

---

① 乌云娜，霍光伟，宋彦涛，等. 需求导向下实践探究性教学模式的研究与探索[J]. 科技创新导报，2015（6）：157，159.

② 白逸仙. 创业教育与专业教育融合研究：创业型工程人才培养模式的建构[M]. 北京：社会科学文献出版社，2015.

向的专业教育具有一些共性：第一，前瞻性。对学生的培养需要具有前瞻性，提前预知未来社会的需求，超前为社会准备人才。第二，职业性和专业性的匹配。专业教育应在以专业学科为基础、以社会需求为导向、追求专业教学的学术性的基础上，同时注重职场运用的适切性。第三，素质和专业的统一。专业知识、职业素养、价值观等都是面向社会需求教育中不可或缺的。第四，理论与实际的统一。理论如果不应用于实践就是空洞的，而如果实践没有理论加以指导就必然将被淘汰，因此必须做到理论与实践的知行合一。第五，产教融合。以产业需求为目标，将产业文化同专业教育联系起来，把职场资源有效地利用到教学过程中，培养符合社会需求的人才。

二、电力行业人才培养需求分析

以华北电力大学为例，长期以来，学校与两大电网（国家电网有限公司和中国南方电网有限责任公司）、中国广核集团有限公司、中国核工业集团有限公司、中国能源建设集团有限公司、中国电力建设集团有限公司、地方能源集团等大中型企业保持良好合作关系，每年有80%以上的毕业生去电力企业或相关部门工作。为了深入了解行业企业人才需求，寻求教育教学改革的突破口和重点，学校理事会人才培养委员会办公室先后前往中国电力企业联合会、中国大唐集团公司、国家电网有限公司、中国国电集团公司、中国电力投资集团公司[①]、中国华能集团有限公司、中国南方电网有限责任公司、中国华电集团有限公司等八家理事会成员单位进行了调研。八家理事会成员单位一致认为，长期以来，华北电力大学作为我国电力行业的重要学府，始终以服务国家电力事业发展需要为己任，为电力工业发展和结构调整源源不断地输送优秀人才；学校毕业生作风扎实，动手能力强，有较强的创新精神，赢得了电力企业的广泛赞誉，一大批毕业生已经成为行业企业的中坚力量。然而，社会快速发展的新时期，高校人才培养仍存在一些问题和不足，面临很多挑战。

电力是关系国计民生的基础性产业。21世纪以来，我国能源电力行业进入了新的发展阶段。新能源行业和与之相关的通信技术逐渐成为经济增长的主动

---

① 中国电力投资集团公司后来与国家核电技术有限公司于2015年5月正式重组，成立的新公司名为国家电力投资集团公司。

力。华北电力大学依托能源电力，先后开设了太阳能、风能、生物质能等新能源专业，努力培养能源行业发展需求的人才。中国电力企业联合会相关负责人提出，华北电力大学未来的人才培养可以注重以下几个方面：一是面向新一轮工业革命、社会发展，除了传统发电、输配电学科专业，要注重用力侧、需求侧人才培养；二是要面向产业链，为行业形成人才链；三是随着能源电力的大发展，特别是新能源电力企业异军突起，除了国有重点五大发电集团外，其他发电企业已占50%以上份额，人才培养要考虑这部分企业的需求。中国大唐集团公司人才开发处负责人提出，学校应了解行业需求，人才培养要面向全行业，针对行业的不同模块开展人才培养工作，以提升学校人才培养的适应度。

1. 行业企业急需人才类型

当前高校人才培养与企业需求存在错位，存在过度追求高端人才和行业领军人才而忽略了企业最迫切需要的人才类型的问题。多家受访的电力企业对人才类型的需求各有侧重，但都建议高校应分层次、分类别开展人才培养，结合当前电力行业发展情况，归纳出电力企业急需的四类人才。

一是应用型人才。电力企业的生产运行以成熟技术的应用为主，更多的是需要高素质应用型人才。对这类人才的需求主要体现在对专业知识与技能的应用，特别强调实际操作技能。中国大唐集团公司人力资源部负责人指出，企业高技能人才欠缺，这类人才直接关系到企业的科技创新发展战略。国电集团人力资源部负责人认为，企业看重技术的应用，需要的是能熟练进行技术操作并有发展后劲的人才。这类人才不仅可以处理技术故障、专利开发，更能推动企业创新发展。企业需要掌握新机组技术的生产运行人才和检修维护人才，他们必须具有一定的专业知识，并且经过扎实的工程技能训练。在专业技术人员中，运行维护人才是目前企业的短板。

二是复合型人才。电力企业迫切需要以学科交叉、知识融合、"大工程"思维为特征的复合型人才。随着电力系统向大容量、高参数、高自动化、高智能化方向发展，需要具有电力、动力、机械、控制、计算机等跨学科知识的专业技术人才；在电力体制改革的新形势下，需要具有电力专业背景的技术管理人才、经营管理人才。受访的电力企业一致认为，具有电力专业背景的复合型人才奇缺，甚至出现了"断层"。中国国电集团公司人力资源部负责人举例说：

"我们需要既懂电力技术、电力市场又懂得燃料市场管理的复合型人才。"

三是国际化人才。随着国家"一带一路"和电力企业"走出去"战略的稳步实施，电力对外投资和对外承包工程不断增加，境外电力工程技术人才、境外项目经营管理人才缺乏，企业急需掌握本专业的国际化知识、熟悉国际惯例、具有国际化视野和跨文化交流能力的优秀人才。电力企业联合会技能鉴定与教育培训中心和电力投资集团人力资源部负责人都认为，随着海外业务迅速拓展，人员队伍需要调整，员工的能力应与"一带一路"和"走出去"战略相匹配。为了解决企业国际化人才短缺的问题，企业应当对相关员工开展国际化培训，提供海外学习交流的机会。

四是扎根基层的人才。受我国经济社会发展不均衡以及学生就业观念等因素的影响，电力企业普遍存在结构性缺员问题，主要是基层一线人才，特别是边远地区技术人员、农电技术人员紧缺。企业急需乐于奉献、脚踏实地、服务基层、扎根基层的优秀人才。中国南方电网有限责任公司和中国电力投资集团公司的人力资源部负责人都表示，当前企业的用人机制正在发生转变，企业更加偏向于有基层工作经验的应聘者。企业的领导一致认为，基层锻炼是员工成长不可缺失的环节，尤其对于集团的高管层来说，必须扎根基层并有西部工作的经验，了解基层实情。

2. 行业人才培养标准

人才是企业核心竞争力的重要体现，电力行业作为关键领域，应有针对性的人才培养标准，以确保行业的持续发展。结合电力行业的访谈和学校的实际情况，行业人才标准的整体要求为：首先，应加强专业核心知识的学习，注重实践能力和创新能力的培养，并引导学生开展正确的职业生涯规划。其次，应注重学生的价值观、职业素养教育，最后求得行业人才在知识、技能、素质上的全面提升。

在知识方面，要加强学生专业课程的学习。专业核心知识是从事相关工作的基础，电气专业的电机学、电磁场、电力系统分析等课程，是电网企业人才的立身之本。国家电网有限公司人力资源部负责人恳切地说："电力工程领域最基本的几门课程，学校必须做强，学生必须学好。"建议学校进一步加强专业核心课程建设，打造精品；创新教学方法，注重基于问题、基于案例的教学，学用结合，提高学生的学习效果。南方电网公司人力资源部负责人提出，学生的基础知识必须扎实，如人力资源专业的统计学、人力资源管理的基本原理等；同时，基本安全生产素质、团队合作等相关课程还需要进一步强化。

在能力方面，首先应加强学生工程实践能力培养。工程实践能力是工程人才必备的能力。然而，部分高校毕业生在工程实践能力上有所欠缺，导致岗前培训时间长、成本高。受访的电力企业一致认为，毕业生学历层次高，理论知识扎实，但理论联系实践能力较差，实际动手操作还有很大提升空间。中国南方电网有限责任公司人力资源部负责人更是提出，学校应教授学生必备的实践技能以及较全面的电气工程实训。其次，要加强学生创新能力培养。良好的创新思维、创新能力，会使毕业生在企业的技术故障处理、专利开发、技能竞赛中脱颖而出。企业纷纷建议学校改进人才培养模式，形成良好的创新氛围，通过多种渠道激发学生求知欲，引导学生去探索、去创造。

在素质方面，首先应加强学生价值观教育。学生的价值观将在很大程度上决定其未来的成长和发展。中国南方电网有限责任公司人力资源部负责人指出，毕业生的工作态度、责任心等价值观，是其竞争力和潜力的重要体现，对未来自身的发展有重要作用。许多企业建议学校建设独特的校园文化，进一步促进学生树立远大的理想抱负和社会责任感；注重学生待人接物、意志力、荣誉感、操守把持等方面的素质养成，促进学生形成高尚的完整人格。其次，要加强学生职业素养教育。良好的职业素养是提高学生就业竞争力的重要方面。中国国电集团公司人力资源部负责人指出，毕业生的品行至关重要。除专业技术外，集团用人的另一个标准是职业精神（操守），比如敬业、态度，对这份工作的坚守、事业心、责任感等。操守态度的养成与一所大学校风紧密相连。中国大唐集团公司人才开发处负责人提到，学生缺乏适应行业的职业素养，在一定程度上缺乏工程师所学的职业素养。建议学校加强对学生电力行业的职业习惯、职业素养、职业精神培养，增强学生对电力行业的认知，强化安全生产、团队合作、沟通能力、领导能力、市场能力等方面的教育培养。最后，要加强学生就业与职业发展引导。基层是学习锻炼的大课堂，是施展才华的大舞台。基层工作经历是人才成长的重要环节。南方电网公司人力资源部负责人指出，企业用人机制将发生变化：新招人员都需要在基层历练2—5年，而提升到总部的，必须有西部工作经历。中国大唐集团公司人力资源部负责人指出，学生应注重人生规划、职业发展引导，避免到岗位后产生心理落差。学校应注重专业教育与职业规划教育相结合，促进学生树立正确的择业观，引导学生到基层单位、到边远地区锻炼成才和建功立业。

3. 培养途径

第一，适度拓宽专业口径。当前，高校部分本科专业设置过窄，不能很好地适应经济社会发展需要。行业企业对复合型、国际化人才的需求，要求高校适度拓宽专业培养口径。国家电网有限公司人力资源部负责人建议，消除苏联高等专科学校在专业设置方面的影响，本科专业不宜分得过细，在毕业设计环节可分方向地让学生选题。如果电气工程专业过细，就会降低学生的适应度。多数企业负责人建议学校注重学科交叉和知识融合，进一步优化课程体系，丰富课程内容。

第二，及时更新教学内容。目前，高校部分专业课程教学内容滞后于行业技术发展进程，学用脱节矛盾突出。中国大唐集团公司人力资源部负责人举例说："百万千瓦级超超临界机组已经普遍应用，高校的部分课程教学仍停留在十万千瓦级机组。"许多受访企业领导表示，"特高压""智能电网"发展迅速，高校的课程教学需要增加相关技术前沿内容；在企业的人才队伍中，火电、水电等传统优势学科相应业务的人才队伍较强，而新能源、风电、电解铝等新兴能源学科相应业务的人才队伍较弱，建议学校特别注重专业课的教学内容与行业技术发展实际相衔接，及时更新并拓展教学内容。

第三，加大实践环节培养力度。受访的企业一致认为，学校要进一步加强校内工程实践基地建设，提升工程基础（金工）训练水平，扩大工程实践内容的覆盖面，扩大参与工程实践学生的覆盖面；开发针对主流机型的模拟实验系统，加强仿真实践教学。中国南方电网有限责任公司人力资源部负责人认为，学生能够在实践过程中掌握知识、发现新问题，此过程可有效地激发学生主动学习的积极性；他建议学校同企业联合开展体验式实践教学，促进学用脱节问题的解决。实习是理论联系实际的过程，也是对岗位的认知、认同、认可的过程，因此还要进一步加强"岗位实习"。国家电网有限公司人力资源部负责人指出，在实习过程中，学生对生产技术的认识次要的，真正的意义在于对社会的认知和对行业的体验；另外，扎扎实实实习三个月，将直接影响毕业生的择业观和岗位适应能力，而且能够在很大程度上满足行业要求。各企业人力资源部负责人纷纷建议，为保证学生有较强的岗位适应能力和竞争力，学校可适当延长学生各类实习时间，校企应共同完善岗位实习机制，这样能够有效地优化学习效果。

第四，加大校企合作育人力度。一是搭建产学研合作平台。产学研合作可以充分利用高校与企业两种不同的教育环境和教育资源，并借助地方政府力量，将理论教育和实践教育有机结合，培养符合社会和企业要求的综合型人才。相关企业可以深度参与学校人才培养，如校企联合共建实验室、合作开发模拟（仿真）系统、联合制定行业人才培养标准和建立电力人才需求预测系统等。受访企业表示，校企共同建设校外工程实践教育中心，可使学生通过学习企业的技术和文化，参与企业生产运行、工程开发与技术创新，提升工程素质和工程能力。中国国电集团公司人力资源部负责人指出，大学有师资、学科专业、课程优势资源，企业有实践资源，构建产学研合作平台，校企双方共同开发急需课程，可培养综合能力强、竞争力强的学生。二是扩大"订单+联合"培养规模。在"订单+联合"培养模式下，企业全过程参与人才培养，可有效地实现学校人才培养与企业需求的对接，达到企业、学校、学生三方共赢。学校将与中国电力投资集团公司、中国广核集团有限公司等企业开展的"订单+联合"人才培养模式推广到其他企业，扩大"订单+联合"学生培养规模。

三、突出行业特色的产教融合人才培养模式构建

人才培养模式主要回答"培养什么人""怎样培养人"的问题，包括人才培养目标、专业与课程体系、培养途径、评价方式以及保障条件等五个要素。"产教融合、校企合作"是行业特色高校人才培养的重要途径，应结合行业企业调研情况，深入了解行业企业需求，实施产教融合，努力构建一种实践导向的产教融合人才培养模式。

1. 明确行业人才培养目标和培养标准

人才培养目标在培养模式中起指导作用，决定了整个培养模式的性质和发展方向。行业特色高校要发挥好对行业进步的引领作用和社会发展的服务功能，就必须秉持全面发展和多样化的人才观。这些高校应主动适应我国社会经

济发展的步伐，满足行业企业对多样化人才的需求，并面向国家创新驱动发展战略大力培养复合型、创新型、国际化、应用型人才。传统的知识传授型教育模式已难以适应未来行业特色高校对人才培养的需求，因此，应确立知识探究、能力培养、价值塑造"三位一体"的教育理念。在夯实专业基础知识的同时，还要注重培养学生的创新精神、创业意识、实践能力、创新创业能力以及国际竞争力，更要重视对学生理想信念教育、价值观教育和职业素养教育，加强学生就业与职业发展引导，使他们具备健全人格、创新思维、宽厚基础、全球视野和社会责任感。

大学教育是一种以社会需求为导向的专业教育。高校需要通过行业企业调研和职业岗位分析，全面剖析各学科专业毕业生应具备的知识、能力和素质，并据此制定各专业的职业能力标准。以能源电力行业为例，高校需要与企业合作共同完成以下两项任务：一是构建行业人才需求预测系统。鉴于电力行业对人才的需求处于动态变化之中，为避免高校电力人才培养和行业企业需求之间出现严重脱节，迫切需要建立一套电力行业人才需求预测系统，以精准把握电力行业人才的需求趋势。二是建立行业人才评价标准体系。随着电力行业的蓬勃发展，对人才的要求已发生根本性变化；同时，随着高校电力相关专业的不断扩张和招生规模的日益扩大，人才培养质量呈现参差不齐的状况。因此，迫切需要建立一套电力行业人才评价标准体系，以明确电力行业人才培养的规格。

2. 校企合作共同建设专业与课程

校企合作共同规划并制定人才培养方案。行业特色高校通过深入分析企业对毕业生应当具备的知识、能力、素质的要求，遵循"知识探究、能力培养和价值塑造"三位一体的教育理念，结合学校自身的行业特色，同时综合考虑国家各相关口径对课程设置的规定，科学合理地制定人才培养方案，并适当安排学时与学分，为学生提供更广阔的自主学习能力和创新创业能力培养空间；增加选修课程的比重，以满足学生多元化、个性化发展的需要。

校企合作共同论证专业和课程设置与建设方案。行业特色高校应进一步完善本科专业动态调整机制，优化学校的专业结构和布局，实现专业结构与社会经济发展相适应的自适应调节；依据企业提供的人才需求信息，围绕所服务的产业链和学校发展建设目标，修订专业目录并提高专业设置的集中度，并突出能源电力特色；对新设专业加强建设，对既有专业进行改造和完善，特别是要加强弱电相关专业建设，促进信息类与非信息类专业的融合；围绕新一代信息技术、智能制造、电力装备等中国制造 2025 战略发展的重要领域，加速新兴战略领域专业的建设；为服务国家互联网+战略，打破传统专业局限，大力发展移动互联网、云计算、大数据、物联网、智能硬件等新兴学科专业；加强专业内涵建设，深化专业综合改革，推动工程教育专业认证工作，以工程教育专业认证引导专业建设。在有条件的情况下，行业特色高校应逐步扩大工程教育认证专业覆盖面和认证规模。校企合作共同优化课程体系，推动优质核心课程建设，通过强化优质专业核心基础课程的教学，夯实学生的专业基础。同时，行业特色高校应加大对新的现代教育技术的研究、探索和运用力度，实现现代教育技术与教育教学过程的深度融合。

3. 搭建需求导向的校企合作平台

第一，实践教学与理论教学并重。学生需要兼具扎实的理论基础与较强的实践创新能力。唯有通过"做中学"的方式，方能深化学生对专业知识的理解并熟练掌握实践技能。校企双方共同构建实践教学体系，实现实训与实习、通用职业能力与专业能力、校内与校外三个方面的有机结合。

第二，加强实践创新平台建设和共享，与行业的相关企业联合建设校外实践教育基地；同时，与企业建立联合实验室，携手推动科研成果的转化应用。重点推进省部级及以上实验教学示范中心的建设，促进实验教学平台的资源共享，并鼓励学校的各级各类实验室向本科生全面开放。

第三，构建覆盖全行业的虚拟仿真教育培训体系。针对行业企业员工技术提升的需求，充分利用学校教学、科研资源，共同研发涵盖电力建设、电力生产与供应（含设备检修和故障处理）、电力经济管理等领域的全行业虚拟仿真系统，实现行业虚拟仿真教育培训资源的共享共用。

第四，大力促进产学研战略联盟。应依托优势学科，与所属行业的骨干企业建立广泛而紧密的合作关系，并共同设立技术中心。在这一体系下，学校可凭借科研优势，针对企业生产中的实际问题开展科技攻关，从而提升企业的核心竞争力，并为行业发展及特色人才培养做出积极贡献。电力行业拟成立"中国电力行业卓越工程师培养联盟",旨在建立校企协同育人的新机制,并深入推动协同育人的各项工作。

4. 校企共同加强教学质量评价与过程监控体系

面向国家能源电力领域的需求,行业特色高校需要更新教育教学理念,确立以能力为核心、以学生学习与发展成效为关键的教育质量观。在评估学生的学习效果时,重点考查学生是否具备了行业所需的知识、能力和综合素质。构建以学生为本、成效导向的教育质量评价与监控体系,确保学校人才培养效果与既定人才培养目标的高度契合。完善毕业生质量跟踪调查机制,健全毕业生的社会反馈体系,以明确把握行业企业急需的人才类型及具体要求,并高度重视行业企业对学校毕业生的评价及对人才培养工作的建议。根据社会实际需求,灵活调整人才培养目标、培养方案、培养策略等。

5. 校企协同加强条件保障

行业特色高校应探索构建行业协同、鼓励创新、管理规范、分工负责的治理模式,以充分调动各方面的积极性,实现全员参与、全方位育人的目标。完善行业企业人才队伍的教育培训体系。行业院校的专业教师不仅需要具备理论教学能力,还应具备较强的专业实践能力和职业岗位指导能力。学校应定期安排专业教师到企业进修或参与职业技能培训;同时,聘请行业企业专家、高级管理或技术人才担任大学兼职教师。行业特色高校应利用学校的学科与师资优势,深度融入行业企业人力资源开发工作,共同研发培训项目及编制培训教材;此外,研究并构建电力行业共性岗位胜任力模型(如生产厂长、销售厂长等),携手开展共性岗位人才的教育培训,并实施有效的评价机制。

第十一章 总结与展望

面对世界百年未有之大变局，我国提出的建设教育强国、科技强国、人才强国的国家战略，对工程人才培养提出了更为严格的要求。作为中国创新驱动发展战略的重要支点和科技创新的重要基地，高水平行业特色高校在建设教育强国中肩负着重要的使命与责任。经过 30 年的持续发展，STEM 教育已成为培育科技创新人才、提升全民科学素养、维持国家竞争力的有效途径。在高水平行业特色高校开展 STEM 教育，不仅是对国际竞争中拔尖创新人才培养迫切需求的积极回应，更是推动建设教育强国、实现中华民族伟大复兴的战略性行为。

本书在深入分析中国高水平行业特色高校工程人才培养的现状和问题的基础上，同时借鉴了国外 STEM 教育改革的先进经验和创新成果，以 STEM 教育理念为指引，从政府、高校、师生三个层面出发，构建了一套适用于高水平行业特色高校 STEM 教育发展路径。

一、政府层面：加强政府系统引导，完善国家顶层设计

1. 促进 STEM 教育政策顶层设计

STEM 教育已成为全球教育发展的主流趋势，而中国的 STEM 教育正处于起步阶段。未来，中国 STEM 教育的推进离不开国家层面的顶层设计。政府应当出台 STEM 教育的指导性政策文件，确立其作为国家教育战略的重要地位。明确定位 STEM 教育目标定位，界定各级政府部门和不同高校的责任与发展方向，推动各级政府有计划地实施，以确保 STEM 教育稳健、有序地发展。这一顶层设计既需要国家政策的扶持，还需要政府、学校、企业、科研机构和社会

各界的高度协作，打破部门之间体制机制壁垒，从政策、资源、环境、师资、资金等多个维度共同发力，构建一个优势互补、分工明确、有机联动的 STEM 教育生态系统。

2. 构建 STEM 教育社会联动机制

为了为高水平行业特色高校实施 STEM 教育营造良好的外部环境和社会氛围，需要构建 STEM 教育社会联动机制。该机制在 STEM 教育推广过程中主要发挥以下三个方面的作用：首先，引导相关行业企业树立正确的招聘用人观，减少单纯按照专业目录招聘毕业生的情况，避免高校培养的交叉学科创新人才面临就业困境，为高校人才培养模式创新预留空间；其次，鼓励相关行业企业为高水平行业特色高校提供实践学习平台，以企业的实际问题为导向，强化高校师生综合素质训练，提升师生解决实际问题能力和创新能力；最后，为具有丰富工程经验的工程师提供开展培训和讲座的渠道，深化校企协同育人，促进高水平行业特色高校与对应行业企业之间的人才双向流通和协同发展。

二、高校层面：系统引入 STEM 教育，推进工程人才培养改革

1. 以 STEM 教育理念为指导，建立健全 STEM 教育改革体制机制

鉴于当前行业特色高校在人才培养方面面临的挑战，迫切需要引入 STEM 教育理念来推进改革。STEM 教育强调基于项目学习的跨学科整合，通过融合不同学科的知识与实际问题，旨在培养学生的问题解决能力、创新精神和跨界综合能力。高水平行业特色高校应系统引入 STEM 教育，深入理解并传播 STEM 教育理念及内涵，认识到 STEM 教育不仅是教学改革的一部分，还是一项政府、学校、行业、企业、社会团体共同参与、努力的系统工程。为此，高水平工科行业特色高校必须建立一套相应的 STEM 教育体制机制与组织制度。一是实现组织结构的优化与协同发展。高校组织结构"不仅仅表现为行政上的层级关系，它在本质上反映了知识内在结构的逻辑关系"[1]。在打破学科壁垒，打破同质性、等级性知识垄断，进行知识元素的重构与组合的趋势下，高校的组织结构也要随之发展。高水平行业特色高校可以通过优化学科布局结构，形成跨越学院界限的跨学科组织，发挥学术资源的优势集聚效应。二是组

---

[1] 阎光才. 识读大学：组织文化的视角[M]. 北京：教育科学出版社，2002：26.

建由不同专业背景人才构成的跨学科团队，建立人才培养激励机制，营造激励创新、培养具有跨界整合能力的创新人才的良好生态环境。通过设立多样化的跨学科研究中心、实验室、校企联合培养实验基地等，真正跨越学科专业藩篱，从制度管理层面保障学生综合能力与解决实际问题能力的提升。

2. 在专业教学中重视通用能力培养，突出跨界整合能力的培养

我国工科高水平行业特色高校往往学科比较单一，导致学生难以在系统知识的指导下创造性地解决真实工程问题，长此以往将影响行业的进步和发展。为满足产业转型升级发展对创新人才的需求，高水平工科行业特色高校需要对人才培养目标进行战略性调整，从以培养专业能力为主走向以培养跨界整合能力为主。具体地说，高水平行业特色高校人才培养的基本目标，应该以跨界整合能力为中心，重点培养学生的跨学科能力、解决问题能力、创新能力等。正如德国学者泰希勒所言："跨学科的通用技能被重新认识，成为各种专业技能的基础。"[1]作为一种重要的通用能力，跨界整合能力是 21 世纪大学生的核心素养，这种核心素养包括三个方面：一是学习与创新技能，二是数字化素养技能，三是职业和生活技能。[2]哈尔滨工业大学的新工科"Π型"方案中提出了"Π型"人才观，强调学生"精通专业＋熟知行业"的素质与能力，不仅要培养精通某一专业知识与技术的"I 型"专业人才，更要在此基础上培养具备广博知识与多种能力且综合素质好的"T 型"精英人才。[3]

遵循需求决定论，为支撑国家创新驱动发展战略，高水平工科行业特色高校人才培养目标必须凸显跨界整合能力。在专业层面，应重视通用能力的培养，加强产业结构分析和市场调研，掌握产业发展最新的人才需求和未来发展方向，科学制定专业人才培养目标，使其与学校人才培养总目标相契合。在课程层面，应为学生提供更多的跨学科学习机会，构建具有工程逻辑的模块化课程，明确每个模块课程群的核心知识和能力要求，以及对这些要求的有效考核方式；同时，确定模块课程中每门课程的目标、课程内容以及预期学习效果，

---

[1] 乌尔里希·泰希勒. 迈向教育高度发达的社会：国际比较视野下的高等教育体系[M]. 肖念，王绽蕊译. 北京：科学出版社，2014：56.

[2] 伯尼·特里林，查尔斯·菲德尔. 21世纪技能：为我们所生存的时代而学习[M]. 洪友译. 天津：天津社会科学院出版社，2011：44, 101.

[3] 徐晓飞，沈毅，钟诗胜，等. 新工科模式和创新人才培养探索与实践：哈尔滨工业大学"新工科'Π型'方案"[J]. 高等工程教育研究，2020（2）：18-24.

实现与行业企业的紧密对接，通过问题导向的学科交叉融合，有效提升学生的社会适应能力和解决问题的能力。

3. 推进学科专业课程一体化建设，开设综合性 STEM 课程

为了培养学生的跨界整合能力、解决问题能力和创新能力，必须突破传统的"基于学科的教育"模式，转而实施"学科交叉融合的教育"。开展学科交叉融合教育，要求开设跨学科课程和跨学科专业，进而要求实现学科、专业与课程的深度融合，这正是学科、专业与课程一体化建设的核心所在。学科是一种知识体系，专业是以社会需求为导向的一组课程，课程是一套教学科目。

根据学科、专业、课程一体化建设要求，高水平工科行业特色高校在课程与专业的设计上，必须打破原有的学科壁垒，在巩固发展原有优势学科的基础上，同时注重其他综合通识课程的能力培养与训练。应科学设置通识教育课程和跨专业课程，通过分析、提取与重新整合不同学科之间的知识要素与技术方法，系统性地重组相关学科知识，从而打通工程多学科之间的关联以及产业链之间的衔接。同时，教育应超越专业范畴，注重与社会生活的联系、与文化的联系，形成真正意义上的跨学科乃至超学科的课程，使学生的知识结构呈现"万类霜天竞自由"般的多样化特点，不断促进学生形成跨界思维整合思维。

例如，电子科技大学构建的逐级挑战的新工科项目课程体系就值得借鉴。该体系以项目学习为核心，从新生项目课到高峰项目课、挑战性跨学科项目课、"科研育人"逐级通关项目课、荣誉课程、荣誉学位等，逐步增加项目学习的比重，打破学科专业边界，跨越高水平科研与本科教育"第一课堂"之间的鸿沟，实现人才培养全过程的贯通。[①]

学校应建设课程资源平台，开发一批行业特色鲜明、紧跟国家发展战略、整合学科专业的综合性跨学科的 STEM 课程。这些课程的重点在于综合运用多学科知识和技能解决现实问题，旨在培养学生的创新精神和解决实际问题的能力，同时强调与真实世界和未来职业的紧密联系。课程内容主要通过项目的形式进行融通。

---

① 曾勇，黄艳，向桂君，等. 从新生项目课开始：新工科建设"成电方案"的设计与实践[J]. 高等工程教育研究，2020（1）：14-19.

4. 打破学科专业壁垒，实施项目式教学

STEM 教育一以贯之的逻辑是"以项目为中心"。项目式教学能够以项目为载体将各学科有效融合在一起，超越了跨学科综合，实现了不同学科知识点之间的融合。其主要目的是让学生通过"做中学"实现知识的方式，主动建构知识体系，并培养他们的创新实践能力、团队协作能力、高阶思维能力。高水平工科行业特色高校实施项目式教学时，可通过构建"三类型·三层级"的项目式教学体系，将跨学科的项目课程贯穿大学四年的全过程，从而改变传统单学科的内部学习模式。这一体系既注重问题的解决，又强调学习过程的情境化体验，实现了课堂教学与项目学习的有机结合。"三类型"项目根据项目综合程度和规模范围，分为大综合类项目、子系统项目、单元性项目三种。所谓"三层级"，是指根据项目复杂程度和不同年级学生特点，把一体化课程体系中的项目分为初级、中级、高级三个层级。每个层级的项目又由多个子项目组成。通过这些不同类型的项目，教学内容得以打破学科壁垒，不再遵循传统按照知识逻辑组织课程的模式，而是建立了以项目为链条、以 STEM 核心素养为目标的课程体系。学生在做项目的实践过程中，不仅能认识已知，还能探索未知，深入学习并构建自己的知识体系。例如，天津大学采用"三类五种"项目学习方式培养学生工程创新能力：根据课程核心知识而设计的课程项目、培养学生解决实际工程问题能力的课程组（群）项目、根据平台主题由学生团队完成的多学科项目、为学生提供科研经历和体验本科研究项目、要求学生团队完成一个产品或者一项技术的研发的毕业团队项目。[①]

5. 加大实践教学的比例，为本科生创设 STEM 学习空间

一是将实践教学内容与理论课程有机衔接，从单元到系统、从基础到综合、从课内到课外、从入门到创新，全方位地构建实践教学体系。让学生"做中学"，结合现实问题，开展可能包含"失败"风险的学习活动，以此增添学习过程的趣味性和挑战性，培养学生的好奇心、探究能力、责任意识和进取心。一方面，加强并优化校内实践教学环节，使其充分体现目的性、层级性、连贯性。首先，把学生通过实践应达到的能力和素质目标分解到各个实践环节

---

① 代玉，王贺欣. 中美新工科教育典型人才培养模式研究：以欧林工学院和天津大学为例[J]. 河北大学学报（哲学社会科学版），2020（5）：78-86.

中，使每个环节的教学都具有明确的目的；其次，根据学生的学习次第，设计难易适中的实践内容，增加设计性和综合性实验课程比例。另一方面，面向全体学生开展不同层级和不同类别的创新实践比赛，扩大学生参加创新实践比赛的受益面，从而提升学生的综合实践能力。

二是以产品"构思、设计、实施、运行"的全生命周期为背景，深入实施产教融合、校企协同育人。行业企业应全程参与人才培养，旨在提升学生适应能力与工程实践能力。校企双方共同制定人才培养方案，共同搭建校外实践教学平台，并携手打造"工程化"师资队伍。

三是积极推进科教融合，让前沿科学走入本科生课堂。教师应将研究成果转化为课程内容，为学生提供最前沿的学科知识；同时，鼓励本科生参与科学研究活动，以获得科研训练，从而达到提高科研素质、培养创新能力的目的。

四是大力开展创新创业教育。将创新创业教育特别是创业教育纳入培养方案，并设置相当的学时学分。通过课堂、实践教学平台、众创空间、创业孵化基地等多渠道，对学生进行创新创业的知识、能力和素养教育。以创意驱动创新，以创新带动创业，鼓励学生积极参与创新创业活动，将创意设计转变为创新成果，最终实现成果的产业化应用。

6. 促进有效教学质量评估，建立基于循证的教学评价体系

为了对教学质量进行有效评价，高校应采用多种评价方法。例如，学生对课程教学的评价、教师教学实践的自我调查、学生的学习成绩、同行的课堂观察与评价、对教师和学生的访谈、教学档案的建立等。通过科学的方式广泛收集多种评价信息，构建评价数据库，进而描绘出基于证据的教学质量图景，以此激励教师改进教学、推动教学改革，实现"以评促改"的目标。我国高水平行业特色高校在人才培养的效果评估方面可以采取基于循证的教学评价。

第一，重视形成性评价，在课程前后进行测试。课程初期的测试可准确评估学生的先验知识水平；课程结束后的测试，则能够反映学生的学习成效。在对学生的评价时，需要综合考虑他们对课程学习的期望和对学习结果的感受，并将这两方面与教师预期的学习目标进行三角验证，以此促进教师有针对性地进行教学设计并把握教学过程。

第二，实施同行观察与评价机制。充分发挥教师教学发展中心的作用，通过系列培训确保同行观察能够客观、公正、精准地评价教学实践，并收集信息数据以构成有效评估的实证基础，从而激励教师进行自我反思和评估，并不断改进教学方法。

第三，通过有效的管理制度促进教学文化的培养。教学管理人员可定期举办教育教学思想研讨会，推动学校形成注重教学与质量的文化氛围。学校应鼓励教师充分利用各种资源来优化教学，逐渐建立持续改进的教学文化。同时，要科学地分析数据，充分挖掘数据背后的意义，并广泛分享数据分析结果。通过政策激励在教学方面表现突出的教师，以此影响全校教师积极投身教学。[①]此外，为确保评价的客观性和专业性，应建立第三方评价机制，使其评价结果能够得到社会的普遍认同。

三、师生层面：突出师生在教学中的主体性，增强师生参与 STEM 教育的主动性

STEM 学习无时无刻不在进行，它超越了传统课堂的局限。学校各部门应联动，多措并举，共同营造 STEM 学习的良好氛围；通过为学生提供多样化的学习环境及认知方式，真正激发学生的 STEM 学习持续行动力；同时，为教师构建促进其职业发展的有效机制，激发教师投身 STEM 教育的热情和动力，从而共同实现 STEM 的育人目标。

1. 加大本科生 STEM 学习的支持力度

为有效增强高水平行业特色高校本科生对 STEM 学习的意愿，我们可以从三个方面着手。

一是增强本科生 STEM 学习意愿激励政策的针对性。STEM 教育的成效最终要通过学生能力的提升来体现。鉴于不同背景的本科生在能力认知、学习方法等维度对 STEM 教育的意愿存在差异，应该增强激励政策的针对性，为不同学生群体提供更具针对性的 STEM 学习项目。例如，针对女生对 STEM 教育理念的认可程度较低的问题，我们可以借鉴美国"女性科学促进"（Girls in Science）项目的实践经验。这种因材施教的方式有利于培养本科生的个性，提

---

① Shelton R N, Rawlings H R. Searching for better approaches: Effective evaluation of teaching and learning in STEM[R]. Research Corporation for Science Advancement, 2015, 9-33.

升他们的创新能力，从而增强 STEM 教育所倡导的跨学科学习、数理基础等核心能力。

二是加大对学生实习实践和学习空间的支持力度。为高水平行业高校与其他机构合作提供资助，助力高校与企业拓展合作关系，为学生提供将课程与企业对接的综合实习实训机会。同时，为本科生参与创新实践比赛等研究性活动配备导师，引导学生在每一学年中将研究内容与所学的总体课程内容相联系，帮助他们在课程和实践环节获得成功。STEM 教育在教学过程中对软硬件设备要求较高，需要专门的学习实验室和学习空间等，因此，学校应大力支持 STEM 学习实验室和学习空间的建设。

三是将跨学科的学习作为教学改革的重要方向。高等教育与工作世界的紧密联系是当今高等教育发展的一个重要趋势。随着全球知识经济的发展，职场就业环境充满高度不确定性，职场对毕业生通用能力的重视逐渐与专业能力并重，这对高等教育改革提出了新的挑战。因此，应系统性、有组织、有目的地开展跨学科学习，设置 STEM 跨学科专业，并在此基础上构建具有行业特色的跨学科的课程体系，为学生提供跨学科学习经历，培养他们的通用能力、创新能力、实践能力以及解决问题的能力。

2. 完善教师开展 STEM 教育的激励政策

为鼓励高水平行业特色高校教师积极投身于 STEM 教育，需要重点推进两个方面的工作。

一是完善教师开展 STEM 教育的激励政策。首先，建立 STEM 教育的工作认定标准。STEM 教育综合性强、跨学科的特点，教师需要花较多的时间和精力才可以设计和开展 STEM 课程，只有建立 STEM 教育工作的认定标准，才可以有针对性地制定激励政策。其次，在 STEM 相关学科教师职称评定和评奖评优方面提供一定的政策倾斜，这可以激发教师对 STEM 教育的投入热情。最后，制定促进教师 STEM 能力持续提升的激励政策，鼓励教师到行业企业真实工作场景中锻炼，增强自身的 STEM 素养，引导教师在常态教学中不断探索 STEM 教学方法，从而提升 STEM 教育的质量。

二是建设老中青结合、优势互补的 STEM 课程团队。由于 STEM 教育需要将多学科知识通过课程项目等方式有机融合，单凭有志于开展 STEM

教育的教师个人之力，很难开发出高质量的 STEM 课程。因此，应以知名教授为引领，组建包含老中青教师的 STEM 课程团队，系统负责跨学科课程的设计、研发、教学、评价等工作，以促进教学质量的整体提升。同时，教育主管部门可以制定 STEM 教学名师支持计划，在全国范围内评选最优秀的 STEM 教师，名师团队的成员将获得相应的绩效奖励及继续开展 STEM 教育的资金支持。

参考文献

白逸仙. 2015. 创业教育与专业教育融合研究：创业型工程人才培养模式的建构[M]. 北京：社会科学文献出版社.

白逸仙. 2019. 建设一流本科重在四个融合[J]. 湖南师范大学教育科学学报，(3)：23-26.

白逸仙. 2019. 美国STEM教育创新趋势：获得公平且高质量的学习体验[J]. 高等工程教育研究，(6)：172-179.

白逸仙，邓艳明. 2018. STEM教育视角下我国工科行业特色型高校人才培养改革：基于35所行业高校本科生的实证研究[J]. 中国高教研究，(8)：68-73.

白逸仙，郭丹. 2015. 欧林工学院产教融合模式研究及启示[J]. 中国高校科技，(10)：66-68.

白逸仙，张建良. 2019. "双一流"行业高校本科生STEM学习意愿影响因素研究[J]. 华北电力大学学报（社会科学版），(3)：126.

伯顿·克拉克. 2002. 探究的场所：现代大学的科研和研究生教育[M]. 王承绪译. 杭州：浙江教育出版社.

伯尼·特里林，查尔斯·菲德尔. 2011. 21世纪技能：为我们所生存的时代而学习[M]. 洪友译. 天津：天津社会科学院出版社.

陈飞. 2014. 应用型本科教育课程调整与改革研究[D]. 华东师范大学.

陈衍，李阳，柳玖玲. 2018. 产教融合推动高等应用型人才培养的历史发展与改革设计[J]. 中国高等教育，(15/16)：38-40.

程宇. 2012. 促进可持续发展与工作世界的衔接：国际组织在行动[J]. 职业技术教育，33（15）：49-51.

储焰新. 跨学科教育：一流本科的必然选择[N]. 中国教育报，2016-05-23（5）.

代玉，王贺欣. 2020. 中美新工科教育典型人才培养模式研究：以欧林工学院和天津大学为例[J]. 河北大学学报（哲学社会科学版），(5)：78-86.

丁菲菲. 2013. 行业特色高校学科、专业的竞争优势研究[J]. 东南大学学报（哲学社会科学版），15（S2）：144-148.

丁小浩，王嘉颖. 2012. 高校基础教学质量与大学生实习参与程度的实证研究[J]. 高等教育研究，（10）：61-64.

董宏建，白敏. 2016. 中国理工科 STEM 教育发展探究[J]. 现代教育技术，（7）：12-17.

菲利普·阿特巴赫，佩蒂·M. 彼得森. 2009. 新世纪高等教育：全球化挑战与创新理念[M]. 陈艺波，别敦荣译. 北京：中国海洋大学出版社.

高文兵. 2007. 新时期行业特色高校发展战略思考[J]. 中国高等教育，（S3）：24-28.

古天龙，魏银霞，郭庆. 2012. 行业特色高校工程应用型人才培养模式[M]. 北京：电子工业出版社.

郭文莉. 2012. 转型与建构：行业背景地方高校工程应用型人才培养模式改革[J]. 高等工程教育研究，（4）：25-33.

胡天助. 2018. STEAM 及其对新工科建设的启示[J]. 高等工程教育研究，（1）：118-124.

贾卫辉. 2012. 加拿大滑铁卢大学合作教育研究[D]. 华南理工大学.

金慧，胡盈滢. 2017. 以 STEM 教育创新引领教育未来：美国《STEM 2026：STEM 教育创新愿景》报告的解读与启示[J]. 远程教育杂志，35（1）：17-25.

金婉霞. STEM：高大上理念缘何滋生大杂烩培训[N]. 文汇报，2019-05-10（8）.

拉里·R. 福克纳. 2004. 知识就是力量：论德州大学奥斯汀分校在区域经济发展中的作用[J]. 国家教育行政学院学报，（5）：75-82.

赖格卢斯. 2011. 教学设计的理论与模型教学理论的新范式（第 2 卷）[M]. 裴新宁，郑太年，赵健主译. 北京：教育科学出版社.

雷庆，巩翔. 2010. 本科阶段工程领袖型人才培养方案特点分析：以戈登-麻省理工学院工程领袖计划为例[J]. 北京航空航天大学学报，（1）：108-113.

李爱民. 2012. 行业特色型高校研究现状评述[J]. 中国高校科技，（10）：54-57.

李函颖. 2014. 美国 STEM 教育的困境与走向：《美国竞争力与创新力》报告述评[J]. 比较教育研究，36（5）：53-58.

李佳敏. 2014. 跨界与融合：基于学科交叉的大学人才培养模式研究[D]. 华东师范大学.

李璐丹. 2015. 高校课程设置优化研究[D]. 河南大学.

李天露. 2015. 美国科学、技术、工程和数学（STEM）教育政策解读及其启示[D]. 湖南师范大学.

李扬. 2014. STEM 教育视野下的科学课程构建[D]. 浙江师范大学.

李玉倩，蔡瑞林，陈万明. 2018. 面向新工科的集成化产教融合平台构建：基于不完全契约的视角[J]. 中国高教研究，(3)：38-43.

李元元，邱学青，李正. 2010. 合作教育的本质、历史与发展趋势[J]. 高等工程教育研究，(5)：22-29.

李志义，朱泓，刘志军，等. 2014. 用成果导向教育理念引导高等工程教育教学改革[J]. 高等工程教育研究，(2)：29-34+70.

理查德·斯科特. 2010. 制度与组织：思想观念与物质利益[M]. 姚伟，王黎芳译. 北京：中国人民大学出版社.

廖祥忠，姜浩，税琳琳. 2011. 设计思维：跨学科的学生团队合作创新[J]. 现代传播（中国传媒大学学报），(5)：127-130.

林蕙青. 一流大学要办好本科教育[N]. 光明日报，2016-05-17（13）.

林健. 2018. 多学科交叉融合的新生工科专业建设[J]. 高等工程教育研究，(1)：32-45.

刘吉臻. 2008. 从行业需求看高等工程教育人才培养[J]. 高等工程教育研究，(3)：20-23.

刘献君. 2011. 高等学校个性化教育探索[J]. 高等教育研究，(3)：1-9.

刘献君. 2019. 行业特色高校发展中需要处理的若干关系[J].中国高教研究，(8)：14-18.

栾宽，田文志，李金，等. 2017. 校企合作培养跨学科创新创业人才[J]. 中国高校科技，(8)：4-5.

罗伯特·M. 卡普拉罗，玛丽·玛格丽特·卡普拉罗，詹姆斯·R. 摩根. 2016.基于项目的STEM学习：一种整合科学、技术、工程和数学的学习方式[M]. 王雪华，屈梅译. 上海：上海科技教育出版社.

罗纳德·巴尼特. 2012. 高等教育理念[M]. 蓝劲松译. 北京：北京大学出版社.

吕秋艳. 2018. 美国掷重金发展STEM教育[J]. 世界教育信息，(23)：76.

宁滨. 2011. 行业特色型高校产学联合人才培养模式和机制的思考[J]. 高等工程教育研究，(1)：6-10+36.

潘洪建. 2014. 知识形式：基本蕴涵、教育价值与教学策略[J]. 课程·教材·教法，34（11）40-45.

潘懋元，车如山. 2008. 特色型大学在高等教育中的地位与作用[J]. 大学教育科学，(2)：11-14.

上官剑，李天露. 2015. 美国STEM教育政策文本述评[J]. 高等教育研究学报，(6)：64-72.

沈海梅. 2019. 近二十年国际学术界跨边界研究动态及其理论视点[J]. 西南民族大学学报（人文社会科学版），40（9）：38-44.

斯蒂格利茨. 1997. 经济学[M]. 姚开建，等译. 北京：中国人民大学出版社.

孙菁. 2012. 科教融合：创新人才培养的新路径[J]. 中国高等教育，（17）：32-34.

泰勒. 2008. 课程与教学的基本原理[M]. 罗康，张阅译. 北京：中国轻工业出版社.

王成龙，刘慧，张梦天. 2016. 边界效应研究进展及展望[J]. 地理科学进展，35（9）：1109-1118.

王红军，陈劲. 2012. 高层次高技术创新型人才培养模式研究[J]. 科技进步与对策，（7）：152-155.

王楠，唐倩，张芮，等. 2019. 美国 STEM 教育项目评价机制分析及其启示：基于美国典型 STEM 教育项目的案例分析[J]. 现代教育技术，29（9）：108-114.

王战军. 2015. 质量树：高等教育监测评估新方法[J]. 清华大学教育研究，（3）：89-94.

温才妃，武悦. 通专融合要用好大类招生契机[N]. 中国科学报，2018-08-28（7）.

文雯，史静寰，周子矜. 2014. 大四现象：一种学习方式的转型——清华大学本科教育学情调查报告 2013[J]. 清华教育研究，（3）：45-54+80.

乌尔里希·泰希勒. 2014. 迈向教育高度发达的社会：国际比较视野下的高等教育体系[M]. 肖念，王绽蕊译. 北京：科学出版社.

吴爱华，侯永峰，杨秋波，等. 2017. 加快发展和建设新工科 主动适应和引领新经济[J]. 高等工程教育研究，（1）：1-9.

吴慧平，雷晓晴. 2017. 美国实施科学（STEM）教育面临的挑战及应对策略：以巴尔的摩市为例[J]. 教师教育论坛，30（4）：70-73.

吴婧姗，邹晓东. 2013. 回归工程实践：欧林工学院改革模式初探[J]. 高等工程教育研究，（1）：40-45+70.

吴向东，王继华. 2017. 面向高质量 STEM 教育的鸢尾花教学模式[J]. 中小学数字化教学，（1）：49-52.

吴英策，荣昶. 2018. 中国高等教育学会军民融合分支机构建设的思考[J]. 中国现代教育装备，（7）：65-68+80.

徐小洲，臧玲玲. 2014. 创业教育与工程教育的融合：美国欧林工学院教育模式探析[J]. 高等工程教育研究，（1）：103-107.

徐晓飞，沈毅，钟诗胜，等. 2020. 新工科模式和创新人才培养探索与实践：哈尔滨工业大学"新工科'Π型'方案"[J]. 高等工程教育研究，（2）：18-24.

闫俊凤. 2014. 我国行业特色高校发展战略研究[D]. 中国矿业大学.

阎光才. 2002. 识读大学：组织文化的视角[M]. 北京：教育科学出版社.

杨亚平. 2015. 美国、德国与日本中小学 STEM 教育比较研究[J]. 外国中小学教育，（8）：23-30.

杨亚平. 2016. 整合性 STEM 教育理念下工程类高职数学教学模式的建构[D]. 华东师范大学.

尤丁力. 2013. 行业特色型大学人才培养特色研究[D]. 西南交通大学.

余胜泉，胡翔. 2015. STEM 教育理念与跨学科整合模式[J]. 开放教育研究，21（4）：13-22.

曾勇，黄艳，向桂君，等. 2020. 从新生项目课开始：新工科建设"成电方案"的设计与实践[J]. 高等工程教育研究，（1）：14-19.

张斌. 2014. 多重制度逻辑下的校企合作治理问题研究[J]. 教育发展研究，34（19）：44-50.

张超，张育广. 2018. 国外高校创新创业教育系统培育的经验和启示[J]. 中国高校科技，（1-2）：147-149.

张炜，汪劲松. 2020. 行业特色高校的发展历程与辩证分析[J]. 中国高教研究，（8）：1-5.

张忠华. 2011. 关于大学课程设置的三个问题[J]. 大学教育科学，（6）：30-34.

赵慧臣，陆晓婷，马悦. 2017. 基础教育、高等教育、企业以及教育管理部门协同开展 STEM 教育：美国《印第安纳州科学、技术、工程和数学（STEM）行动计划》的启示[J]. 电化教育研究，38（4）：115-121.

赵慧臣，马悦，马佳雯，等. 2018. STEM 教育中如何实现教育公平：《STEM 教育需要所有儿童：公平问题的批判性审视》报告启示[J]. 现代远程教育研究，（5）：59-67.

赵中建. 2015. 美国 STEM 教育政策进展[M]. 上海：上海科技教育出版社.

郑继兵，王绍峰. 2013. 从人才培养方案透视高校专业建设的困境及出路[J]. 江苏高教，（1）：145-147.

钟秉林. STEAM 教育如何本土化[N]. 人民政协报，2017-04-05（9）.

钟秉林，王晓辉，孙进，等. 2011. 行业特色大学发展的国际比较及启示[J]. 高等工程教育研究，（4）：4-9+81.

钟登华. 2017. 新工科建设的内涵与行动[J]. 高等工程教育研究，（3）：1-6.

周光礼. 2014. 国家工业化与现代职业教育：高等教育与社会经济的耦合分析[J]. 高等工程教育研究，（3）：55-61.

周光礼. 2015. 论高等教育的适切性：通识教育与专业教育的分歧与融合研究[J]. 中国高等教育，（2）：262-269.

周光礼，黄露. 2016. 为什么学生不欢迎先进的教学理念？——基于科教融合改革的实证研究[J]. 高等工程教育研究，（4）：13.

周光礼，马海泉. 2014. 科教融合，创新育人：科学研究如何支撑高质量的本科教育[M]. 杭州：浙江大学出版社.

周南平，蔡媛梦. 2020. "双一流"建设中地方行业特色型高校的发展思考[J]. 江苏高教，（2）：49-54.

周雪光，艾云. 2010. 多重逻辑下的制度变迁：一个分析框架[J]. 中国社会科学，（4）：132-150.

朱炎军. 2017. 教学学术视角下的高校教师发展：来自美国的经验[J]. 外国教育研究，44（3）：58-70.

Ajzen I. 1991. The theory of planned behavior[J]. Organizational Behavior & Human Decision Processes，50（2）：179-211.

Bell D. 2016. The reality of STEM education，design and technology teachers' perceptions：A phenomenographic study[J]. International Journal of Technology and Design Education，26（1）：61-79.

Bess J L，Dee J R. 2012. Understanding College and University Organization：Theories for Effective Policy and Practice （Volume II）[M]. Sterling：Stylus Publishing.

Breiner J M，Harkness S S，Johson C C，et al. 2012. What is STEM? A discussion about conceptions of STEM in education and partnerships[J]. School Science and Mathematics，112（1）：3-11.

Bybee R W. 2013. The Case for STEM Education：Challenges and Opportunities[M]. Arlington：NSTA Press.

Clark B R. 1997. The modern integration integration of research activities with teaching and learning [J]. Journal of Higher Education，68（3）：241-255.

Cliff P，Joy P. 2008. Learning to Love Science：Harnessing children's scientific imagination[D]. The Chemical Industry Education Centre，University of York.

Dunne D，Martin R. 2006. Design thinking and how it will change management education：An interview and discussion[J]. Academy of Management Learning & Education，5（4）：512-523.

Griffiths R. 2001. Knowledge production and the research-teaching nexus：The case of the built environment disciplines[J]. Studies in Higher Education，29（6）：709-726.

Healey K. 2005. Linking research and teaching to benefit student learning[J]. Journal of Geography in Higher Education，29（2）：183-201.

Kier M W，Blanchard M R，Osborne J W，et al. 2014. The development of the STEM career interest survey（STEM-CIS）[J]. Research in Science Education，44（3）：461-481.

Klein J T. 2010. A Taxonomy of Interdisciplinarity：The Oxford Handbook of Interdisciplinarity[M]. Oxford：Oxford University Press.

Lou S J，Liu Y H，Shih R C，et al. 2011. The senior high school students' learning behavioral model of STEM in PBL[J]. International Journal of Technology and Design Education，21（2）：161-183.

Maltese A V，Tai R H. 2011. Pipeline persistence：Examining the association of educational experiences with earned degrees in STEM among U.S. students[J]. Science Education，95（5）：877-907.

National Academy of Sciences，National Academy of Engineering，and Institute of Medicine. 2007. Rising above the Gathering Storm：Energizing and Employing America for a Brighter Economic Future[M]. Washington，DC：The National Academies Press．

National Science Foundation. 1996. Shaping the future：Strategies for revitalizing undergraduate education[R]. Proceedings from the National Working Conference.

Razzouk R，Shute V. 2012. What is design thinking and why is it important?[J]. Review of Educational Research，82（3）：330-348.

Sanders M. 2009. STEM，STEM education，STEM mania [J]. The Technology Teacher，68（4）：20-26.

附 录

附录一 基于 STEM 教育理念的工科行业高校工程人才培养现状调查问卷（学生卷）

亲爱的同学：

您好！为了更好地了解我国行业高校 STEM 教育的实施情况，以便更好地促进人才培养模式改革，特进行本次调研。本次调查采用匿名的方式，调查结果仅供学术研究之用，敬请放心作答。我们也会严格遵守学术研究规范，绝不泄露您的任何个人信息。

真诚感谢您的支持与配合！

华北电力大学课题组
2017 年 11 月

一、基本信息

1. 学校

2. 性别　　　　①男　　　②女

3. 学科大类　　①工科　　②理科　　③文史　　④经管　　⑤其他

4. 院校类型　　①地方院校　　②"211"院校　　③"985"院校

5. 就读年级　　①大一　　②大二　　③大三　　④大四

6. 在中小学是否有创新实践比赛经历　　①是　　②否

7. 是否辅修其他专业　　　　　　　　　①是　　②否

8. 是否有国外学习经历　　①是　　　　　　②否
9. 毕业后首选去向　　　　①就业/创业　　②继续深造　　　③其他

二、请根据您的真实想法和实际情况，在相应表栏里打√（均为单选）①

题号	题目	完全不符合	基本不符合	不确定	基本符合	完全符合
1	我希望成为专业基础扎实，同时具有跨学科、跨领域能力的复合型人才	①	②	③	④	⑤
2	我希望扎实掌握数学物理等基础学科知识	①	②	③	④	⑤
3	我希望在本科阶段具有一定的科研能力	①	②	③	④	⑤
4	我愿意接受STEM教育	①	②	③	④	⑤
5	我目前已具备解决实际问题的能力	①	②	③	④	⑤
6	我目前已具备一定的创新能力	①	②	③	④	⑤
7	我目前已具备一定的跨界整合能力	①	②	③	④	⑤
8	我目前已具备人文社科基本素养	①	②	③	④	⑤
9	我目前已具备扎实的数学和物理基础	①	②	③	④	⑤
10	我目前已具备一定的科研能力	①	②	③	④	⑤
11	我认为本科阶段应该开设跨学科的课程	①	②	③	④	⑤
12	我认为数理基础对本科的学习非常重要	①	②	③	④	⑤
13	我自主选课时注重跨学科课程的学习	①	②	③	④	⑤
14	我认为应增加实践教学的比重	①	②	③	④	⑤
15	我所在专业重视数学和物理等基础学科	①	②	③	④	⑤
16	课堂学习涉及多学科的知识	①	②	③	④	⑤
17	课堂学习联系生活实际问题	①	②	③	④	⑤
18	课堂学习涉及本专业的发展前沿	①	②	③	④	⑤
19	我认为应采用以学生为中心的研究性学习	①	②	③	④	⑤
20	我愿意与不同学科专业的同学讨论交流	①	②	③	④	⑤
21	我喜欢师生互动、参与性强的课堂氛围	①	②	③	④	⑤
22	我愿意积极参加各类创新实践竞赛	①	②	③	④	⑤
23	我愿意积极参加老师的科研、课题项目	①	②	③	④	⑤
24	我愿意积极参与企业实习	①	②	③	④	⑤
25	我的任课老师主要采取研究式教学	①	②	③	④	⑤
26	我们的主动性在课堂中得到了充分发挥	①	②	③	④	⑤
27	我有机会与不同学科专业的同学交流合作	①	②	③	④	⑤

① 原问卷的37道题目经过筛选程序保留下来了31道题，因子负荷小于0.600者省略。这31道题目分布在正文的6个因素中。

续表

题号	题目	完全不符合	基本不符合	不确定	基本符合	完全符合
28	我的任课老师经常安排我们分组合作学习	①	②	③	④	⑤
29	我经常参加创新实践竞赛（大创、大挑等）	①	②	③	④	⑤
30	我的课程设计大多来源于企业的真实问题或老师的课题	①	②	③	④	⑤
31	我有在本行业的企业实习的经历	①	②	③	④	⑤
32	学校教学管理制度体现了"以学生为中心"	①	②	③	④	⑤
33	学校重视并鼓励本科生参与跨学科的学习	①	②	③	④	⑤
34	学校鼓励我们参加创新实践竞赛	①	②	③	④	⑤
35	学校有支持本科生科研的政策和资金	①	②	③	④	⑤
36	学校为我们提供了很多去企业实习的机会	①	②	③	④	⑤
37	学校与行业企业联系密切	①	②	③	④	⑤

问卷到此结束，再次感谢您的支持与配合！

附录二 基于 STEM 教育理念的工科行业高校工程人才培养现状调查问卷（教师卷）

尊敬的老师：

您好！为了更好地了解我国行业高校 STEM 教育的实施情况，以便更好地促进人才培养模式改革，特进行本次调研。本次调查采用匿名的方式，调查结果仅供学术研究之用，敬请放心作答。我们也会严格遵守学术研究规范，绝不泄露您的任何个人信息。

真诚感谢您的支持与配合！

华北电力大学课题组

2017 年 11 月

一、基本信息

1. 学校
2. 性别　　　①男　　　②女
3. 学科大类　①工科　　②理科　　③文史　　④经管　　⑤其他
4. 行政归属　①教育部直属高校　　②部委管理高校
　　　　　　③地方管辖高校
5. 院校类型　①一流大学高校　　　②一流学科高校
　　　　　　③双非高校
6. 学历　　　①本科　　　②硕士　　　③博士
7. 职称　　　①助教　　　②讲师　　　③副教授　　④教授
8. 教龄　　　①0—5 年　　　　　　②6—10 年
　　　　　　③11—15 年　　　　　④16 年及以上
9. 是否有行政兼职　　　　　　　　①是　　　②否
10. 是否有留学经历　　　　　　　　①是　　　②否
11. 是否有企业工作经历　　　　　　①是　　　②否

二、请根据您的真实想法和实际情况，在相应表栏里打√（均为单选）

题号	题目	完全不符合	基本不符合	不确定	基本符合	完全符合
1	我认为本科阶段应培养学生解决实际问题的能力、创新能力和跨界整合能力	①	②	③	④	⑤
2	我认为行业高校的学生专业能力比通用能力更重要	①	②	③	④	⑤
3	我认为应该为本科生开设跨学科课程	①	②	③	④	⑤
4	我认为学生跨专业合作学习效果更好	①	②	③	④	⑤
5	我认为学生在本科阶段应当具有一定的科研能力	①	②	③	④	⑤
6	我认为教师应将科研成果及时转化为本科教学内容	①	②	③	④	⑤
7	我认为应强化实践教学环节，增加实践教学比重	①	②	③	④	⑤
8	我认为应采用以学生为中心的研究性教学	①	②	③	④	⑤
9	我认为教学和科研有效融合是人才培养的重要方式	①	②	③	④	⑤
10	我认为行业高校的工科教师应具有更加丰富的行业企业实践经历	①	②	③	④	⑤
11	我认为科研水平很高的教师教学水平也很高	①	②	③	④	⑤
12	我在教学过程中会有意识地引入多学科的知识进行讲解	①	②	③	④	⑤
13	我经常在课堂上组织学生以小组共同探讨的方式学习	①	②	③	④	⑤
14	我经常组织不同专业的本科生参与我的课题研究	①	②	③	④	⑤
15	我经常把自己的科研成果转化为教学内容	①	②	③	④	⑤
16	我经常提出一些工程实际问题或行业常见问题让学生思考	①	②	③	④	⑤
17	我经常进行研究型教学或项目式教学	①	②	③	④	⑤
18	我经常在学科竞赛和创新创业训练项目中给予学生有效指导	①	②	③	④	⑤
19	学生的课程设计或毕业设计大多来源于企业的真实问题或我的课题	①	②	③	④	⑤
20	我经常在企业实习中给予学生有效指导	①	②	③	④	⑤
21	我曾经多次到相关行业企业实践	①	②	③	④	⑤
22	我与行业企业有密切的合作关系	①	②	③	④	⑤
23	学校有支持教师开展教学改革的激励政策和充足资金	①	②	③	④	⑤

续表

题号	题目	完全不符合	基本不符合	不确定	基本符合	完全符合
24	学校为加强实践教学提供了条件保障和政策支持	①	②	③	④	⑤
25	学校重视并鼓励本科生参与跨学科的学习	①	②	③	④	⑤
26	学校给各类创新实践竞赛的指导老师以政策激励	①	②	③	④	⑤
27	学校积极为本科生去行业企业实习提供机会	①	②	③	④	⑤
28	学校积极开展校企合作协同育人	①	②	③	④	⑤
29	学校积极为教师工程化提供机会	①	②	③	④	⑤

问卷到此结束,再次感谢您的支持和配合!

附录三　基于 STEM 教育理念的行业特色型高校工程人才培养改革与政策研究（教师访谈提纲）

1. 作为行业高校的优势学科的教师，您认为有没有必要培养学生的跨学科能力？

2. 如果您认为有必要培养学生的跨学科能力，那么现在教学方面有什么困难或阻力？

3. 您更希望把学生培养成"专才"还是"通才"，在这个过程中您认为学生有必要学习哲学、经济学等人文社会科学吗？

4. 您认为应该如何在行业高校开展 STEM 教育？（可以从各方面来谈，如自身、学校或政府等）

5. 您如何评价"忽视基础将永远落后"这句话？作为工科生，您认为数理等基础学科是否重要？能否结合您的成长发展史来谈谈这个问题？

6. 您认为人才培养中，有无必要发挥科研育人的功能？科研育人对培养学生哪方面的能力有得天独厚的优势？

7. 您认为开展科教融合是否重要？现在开展科教融合育人的最大阻力是什么？

8. 您认为培养工科学生的创新实践能力，有哪些可行的培养方式，如做中学、项目学习、团队学习、学科竞赛等，请结合您的教学经验来谈。

后 记

本书系国家自然科学基金青年科学基金项目"基于 STEM 教育理念的高水平行业特色型高校工程人才培养改革与政策研究"（71704054）的最终研究成果。

本书按计划顺利开展。先后完成理论研究、问卷调查、深度访谈、数据分析、论文及研究报告撰写、人才培养改革等方面的工作，达到了项目的预期目标。在研究过程中，项目负责人对项目进行整体设计、分工协调，以及理论研究和模式建构。课题组主要成员有王晓、邓艳明、王梦娇、王嘉铭、张建良、黄闪闪、耿孟茹、成润坤、樊伟光、李婉莹、简睿妮，他们负责政策研究、国际比较、调查研究、案例研究等。感谢项目团队成员齐心协力通力合作。感谢对项目长期提供支持和帮助的林蕙青副会长、管培俊副会长、李家俊副会长、张大良副会长、姜恩来副会长、孙维杰监事长、李楠秘书长、周坚书记、杨勇平院士、柳长安校长、郝清杰副秘书长、吴英策副秘书长、刘献君教授、陈敏教授、王增平教授、荀振芳教授、刘崇茹教授、杨世关教授、王小梅主编、姜嘉乐主编、余东升主编、马海泉主编、许宏编审、张曙光编审。

感谢科学出版社的编辑老师，为了能够按时出版本书，编辑老师们夜以继日加班赶工，令人感动！

本书出版得到了国家自然科学基金委员会、中国高等教育学会、华北电力大学的大力支持，在此一并表示感谢。